企业财务

核心

竞争力研究

蒋水全　陈兴述　周普　舒译／著

重庆工商大学高层次人才科研启动项目（1855007）
重庆工商大学人文社科青年项目（1751014）
重庆工商大学专业改造升级和内涵建设经费项目（62011504303）

西南财经大学出版社

中国·成都

图书在版编目(CIP)数据

企业财务核心竞争力研究/蒋水全等著.--成都:西南财经
大学出版社,2024.8.--ISBN 978-7-5504-6394-3

Ⅰ.F275

中国国家版本馆 CIP 数据核字第 2024P8B807 号

企业财务核心竞争力研究

QIYE CAIWU HEXIN JINGZHENGLI YANJIU

蒋水全　陈兴述　周　普　舒　译　著

责任编辑:王　琴
助理编辑:马安妮
责任校对:高小田
封面设计:墨创文化
责任印制:朱曼丽

出版发行	西南财经大学出版社(四川省成都市光华村街 55 号)
网　　址	http://cbs.swufe.edu.cn
电子邮件	bookcj@swufe.edu.cn
邮政编码	610074
电　　话	028-87353785
照　　排	四川胜翔数码印务设计有限公司
印　　刷	成都金龙印务有限责任公司
成品尺寸	170 mm×240 mm
印　　张	10
字　　数	202 千字
版　　次	2024 年 8 月第 1 版
印　　次	2024 年 8 月第 1 次印刷
书　　号	ISBN 978-7-5504-6394-3
定　　价	68.00 元

前言

当今社会，随着经济全球化进程的加快，各行各业的竞争日益加剧。大数据、云计算、区块链、人工智能、物联网技术等数字技术的发展应用，使得企业面对的竞争环境越来越复杂。要应对日益激烈的市场竞争，获得持续的竞争优势，企业就必须具备其竞争对手难以模仿或超越的核心竞争力。基于此，本书在界定企业财务核心竞争力内涵的基础上，厘清了企业财务核心竞争力的构成要素，从财务竞争基础、财务竞争机制、财务竞争表现三个维度构建了企业财务核心竞争力评价指标体系，并以重庆上市公司为例进行了实证研究，帮助企业准确界定自身"有没有财务核心竞争力""财务核心竞争力体现在哪些方面""财务核心竞争力究竟有多强"等基本问题，进而寻短板、找问题，从内功和外因两个方面来培育和提升企业的财务核心竞争力。

本书的研究内容主要包括四个方面：一是构建企业财务核心竞争力的基本理论框架；二是通过规范与实证研究，设计一套科学合理的企业财务核心竞争力评价指标体系，将定性研究变为定量研究；三是运用企业财务核心竞争力评价指标体系，对企业财务核心竞争力进行实证分析；四是在了解企业财务核心竞争力现状和制约因素的基础上，提出培育和提升企业财务核心竞争力的对策与建议。

本书是团队共同努力的成果。项目申报由陈兴述和周普两位老师共同完成，项目开题、调研、写作由陈兴述老师策划，团队其他成员积极参与、共同完成。其中，周普主笔撰写了第1章、第4章和第9章，蒋水全主笔撰写了第2章和第5章，陈兴述主笔撰写了第3章和第8章，舒译主笔撰写了第6章和第7章。此外，本书的顺利出版还要感谢张敏、郑璐、吴柯、许圣林、詹学刚以及西南财经大学出版社对我们的帮助。

最后，感谢重庆上市公司对我们团队项目研究的鞭策和鼓励，同时感谢被我们借鉴的国内外相关研究领域的专家学者，他们的研究成果让我们在撰写本书时深受启发并受益良多。

蒋水全

2024 年 5 月

目录

1 绪论

1.1 研究背景与问题提出

在全球化竞争的环境下，我国企业面临的不确定性因素不断增加，传统的营利模式受到挑战。企业如果没有持续的动力不断地获得可持续竞争优势，很可能就会退出竞争舞台。因此，企业应着力寻找提升可持续竞争力的方法和路径，创新盈利模式和财务管理模式，从而确保企业的可持续发展。

1990 年，加里·哈默和普拉哈拉德在其文章《企业核心能力》中首次提出"企业核心能力是持续竞争优势之源"这一理念。随后，理论界和实务界掀起了一场研究企业核心竞争力的热潮。1995 年前后，我国学者逐步开始对企业核心竞争力进行研究，研究内容包括企业核心竞争力的内涵、要素结构、评价方法、评价标准、培育路径、经济后果等热点问题。其中，能力学派（能力学派是在资源学派的基础上进一步发展的产物）与资源学派对核心竞争力理论的解释受到国内众多学者的认可，被誉为是核心竞争力产生的理论渊源。两派均认为，由于外界环境的变化，企业需要对内部的资源、能力等进行整合，形成有助于企业战略实施的竞争能力，最终将其整合为企业的一项宝贵无形资产——竞争对手难以模仿、捉摸不透的竞争优势。

21 世纪初，经过数年积淀，学术界已经形成较为成熟的企业核心竞争力理论分析框架，学者们逐渐将研究重点细化到挖掘企业各模块的核心竞争能力，如财务核心竞争力、人力资源核心竞争力、营销核心竞争力等。众所周知，财务管理在企业管理中处于中心地位，是理财环境不断变化发展的产物。5G 网络的发展、大数据、云技术、移动物联网、人工智能以及资本市场发展的变化莫测等外在因素，给企业的财务管理工作带来了革命性的挑战。因此，企业需要持续、不间断地提升财务行为质效，同时打造财务核心竞争力，以应对生产制造方式变化和管理模式变革。

　　然而，虽然现在人们已经广泛认识到财务核心竞争力的重要性，但目前学术界和实务界关于企业财务核心竞争力的研究还不够完善，如对于其构成因素的说法、评价方法和体系、评价指标设置标准都不够统一。本书希望在已有理论的基础上，探索出一条切实可行的财务可持续发展道路。

　　自重庆成为直辖市后，其经济发展逐步步入强势期，而重庆上市公司作为重庆经济的重点与核心，其表现更是引人瞩目。然而，从总体上看，重庆上市公司中 ST、PT 公司较多，绩优股较少。同经济发达地区相比，重庆上市公司与资本市场的发展在一些方面还有较大的差距。同时，由于我国正处在新兴转轨阶段，资本市场的发展还不太成熟，现代企业管理体系也在逐步形成阶段，特别是在经济新常态的背景下，如何创造和保持持久的市场竞争优势是我国企业尤其是上市公司关注的焦点问题。基于此，本书在厘清企业财务核心竞争力内涵、构成要素等的基础上，着力构建一套科学、合理的企业财务核心竞争力评价指标体系，并以重庆上市公司为例进行案例应用，以期为企业财务核心竞争力的研究和管理实践提供一定的理论参考和经验借鉴。

1.2　理论意义与实践意义

1.2.1　理论意义

　　传统的财务管理研究往往局限于分析企业内部管理与环境对财务的影响，过于侧重对企业角度的筹资、投资等问题的研究，而对竞争战略、竞争优势条件下的财务核心竞争力的研究则相对较少。财务核心竞争力是在企业竞争力理论的基础上，从动态发展的角度研究企业财务管理问题，它是现代财务管理研究的一个新课题和新发展，是财务管理学科体系的一个新领域（高海珊，2013）。研究企业财务核心竞争力，有助于弥补和完善财务管理理论与方法体系，为人们认识和发展财务管理学提供新的思路，同时也符合企业战略财务管理的发展需要。

1.2.2 实践意义

随着我国经济社会的迅猛发展，作为经济生活的重点与核心，上市公司的表现越来越引人瞩目。截至 2018 年底，我国沪深上市公司共 3 500 多家，是 10 年前的两倍多。随着股票市场的发展，我国证券市场逐步完善，但是与发达国家相比，一些方面还存在差距。要增强我国企业尤其是上市公司的竞争实力，关键是要练好"内功"，即提升企业财务核心竞争力。因此，运用财务核心竞争力评价指标体系对企业的财务核心竞争力进行综合分析与评价，是指导企业竞争与发展的"锐利武器"，具有重要的现实意义。具体地说，一是有助于增强企业对财务核心竞争力重要性的认识，促进企业挖掘自身潜力，提高经济效益，从而为企业制定竞争战略提供依据；二是有助于优化企业财务行为，协调企业各种财务能力之间的关系；三是有助于推动企业进行财务创新，不断提高企业的财务管理效率，从而在更深层次上提高企业治理水平，为企业争取和保持持续竞争优势提供新思路。

1.3 文献回顾

核心竞争力是企业保持持久竞争优势和竞争力的源泉。20 世纪 90 年代以来，"企业核心竞争力"这一概念备受专家学者的关注，形成了丰硕的研究成果，关于企业核心竞争力有机组成部分——财务核心竞争力的研究也逐渐完善。自哈默和普拉哈拉德提出"企业核心能力是持续竞争优势之源"的观点后，国外大量学者开始通讨理论研究、实证研究等着重分析企业核心竞争力的决定性因素。目前，国外学者主要分析了企业财务核心竞争力的构成因素、评价方法、影响因素、经济后果等几个方面。而国内专家学者对企业财务核心竞争力的研究主要涵盖以下三个方面：一是关于企业财务核心竞争力内涵界定的研究；二是关于企业财务核心竞争力构成因素的研究；三是关于企业财务核心竞争力评价体系的研究。

1.3.1 关于企业财务核心竞争力内涵界定的研究

目前，国内学者对企业财务核心竞争力的内涵尚未形成统一的认识，归纳起来主要有以下观点：

冯巧根（2001）认为，21 世纪的企业竞争实质上就是企业财务竞争。在激烈的竞争市场环境下，建构竞争性的财务管理机制，有助于实现价值链与供应链系统资本投入与收益分配的最佳结合，从而提升企业核心竞争力。

王艳辉和郭晓明（2005）认为，企业财务核心竞争力是指以知识、创新为基本内核，扎根于企业财务管理全过程的一系列特有的、动态的、先进的企业理财能力。

王小朋和朱开悉（2004）认为，企业财务核心竞争能力可以界定为：在企业财务管理过程中，由企业财务活动能力、财务管理能力、财务表现能力相互支撑、相互融合所获得的，相对于其他企业来说，所特有的可持续成长能力与可持续价值创造能力，它是企业核心竞争力在财务管理领域的集中体现，是企业最重要的核心能力。

郝成林和项志芬（2006）认为，企业财务竞争力是企业核心竞争力的重要组成部分，它是以价值链或供应链企业群的资本投入与收益活动及其所产生的财务关系为对象，以培育企业市场竞争优势为动力，围绕获取企业可持续的市场竞争优势，努力为顾客创造价值、为公司创造利润的能力（张友棠 等，2008）。

罗宏和陈燕（2005）认为，根据核心能力理论的理论框架，企业财务核心竞争力是那些有助于企业形成核心竞争能力的财务能力的集合，它能够直接为企业带来持续的市场竞争优势和理财优势。鉴于财务能力相对独立的特殊地位，财务核心能力可以是企业不同财务能力的整合，也可能是财务能力与其他相关企业能力的整合。

刘真敏和魏顺泽（2009）提出，企业财务核心竞争力是驾驭和协调财务资源的一种能力，使企业能够在各项经济活动中协调相关关系，处理相关事宜，并且吸取经验教训，使财务资源得到合理配置，从而发挥效用，提高企业面对财务风险时的应对能力。

杨位留（2012）认为，财务核心竞争力是企业核心竞争力的重要组成部分，是企业在生存发展过程中积累的理财经验和能力，是企业独有的、不同于其他企业的财务协同综合能力。

梁凤梅（2015）认为，企业核心竞争力是企业整体竞争力的重要内容和组成部分，而企业财务核心竞争力能通过优化配置企业的各类财务资源来获取企业长期竞争优势，并最终提升企业持续性价值创造能力。她对应一般企业财务核心竞争力的内容，即财务营运能力、财务应变能力与财务管理能力，将财务核心竞争力划分为四个要素，包括财务战略、理财能力、财务资源以及财务执行力。

林杨（2016）认为，企业财务核心竞争力是企业对财务掌控能力的重要体现，作为企业管理竞争力的一种，它是知识与能力的双赢结果。财务核心竞争力主要体现在企业财务管理过程中，包括规避风险、融资、偿还债务以及获取最大经济利益等方面。同时，他认为在竞争市场中，企业应该重视对财务管理人员和财务专业人员进行专业知识素养的培养，将知识的力量与创新思想融合，使企业财务管理效果达到最优水平。

张玉净（2017）认为，企业财务核心竞争力是企业通过财务管理手段获取的一种市场垄断力，在企业发展过程中发挥着重要作用。企业核心竞争力指的是，企业能够基于市场和竞争对手的压力培育并创造出更加强大的实力，维持企业的正常生存；企业财务核心竞争力则是整合企业财务资源用于提高企业财务管理水平，同时增强企业整体核心竞争力。

范群鹏和周丽丽（2018）从民营企业的角度定义了企业财务核心竞争力，认为它是企业基于知识和创新的力量，取得差异化能力即区别于其他企业的、独有的、有利于企业动态发展的可持续成长能力。动态财务管理体系体现出企业财务核心竞争力的重要性，它贯穿整个管理体系，为企业发展成长提供了动力。

由此可见，国内专家学者对企业财务核心竞争力的定义不尽相同、角度各异，但笔者仔细分析各种观点后，发现现有研究存在以下三个方面的不足：

①现有研究更多从能力理论的角度对财务核心竞争力进行剖析，将其界定为生存竞争能力、可持续盈利成长能力、市场垄断力等，定义较为模糊，并未结合财务核心竞争力的形成机理以及作用过程进行分析。

②现有研究虽然界定了企业财务核心竞争力的本质，但是不同的研究者站的角度不同，对其的定义各不相同，并未统一。

③现有研究大多从企业核心竞争力理论出发研究企业财务核心竞争力的内涵，没有从战略财务管理的高度对其进行界定，缺乏系统性。

目前，国内学者关于企业财务核心竞争力特性的研究主要围绕企业财务核心竞争力的内涵展开，只是不同学者所理解的企业财务核心竞争力的内涵、本质有所差异，但都是对企业财务核心竞争力本质属性的延伸。具体有以下几种代表性观点：

朱开悉（2002）认为，企业财务核心能力至少具有以下四个基本特征：目标的一致性、内容的统一性、能力的综合性、主体的特殊性。

郭晓明（2005）认为，财务核心竞争能力应具备价值性、异质性、刚性、暗默性以及动态非均衡性。

罗宏和陈燕（2005）认为，财务核心竞争力应符合企业核心能力的价值创造性、独特性以及不可模仿性等基本特征。

王艳辉和郭晓明（2005）认为，企业财务核心竞争能力具有四个特征：价值性、异质性、独特性以及协调性。

佟如意（2007）认为，财务核心竞争能力应具备异质性、价值性、动态性、系统整合性、内生性、价值增殖性、延展性七个方面的特征。

刘真敏和魏顺泽（2009）认为，财务核心竞争力应具备以下四个特征：动态持续性、价值创造性、内隐综合性、协同效应性。

卢有秀（2016）认为，财务核心竞争力应具备差异性、动态性和系统性三个特征。

张发洪（2017）认为，财务核心竞争力应具备差异性（内生性）、价值性、动态性、延展性四个特征。

范群鹏和周丽丽（2018）认为，财务核心竞争力应具备以下七个特征：内在性、延展性、价值性、异质性、刚性、缄默性、动态非均衡性。

由此可见，各位学者对企业财务核心竞争力的主要基本特征——价值性、异质性、差异性持赞同的观点，但是从完整性与科学性方面有待考究。此外，有些文献在论及企业财务核心竞争力的基本特征时仅简单罗列，并且出现重复归纳的现象，没有从逻辑层次的角度出发，科学合理地审视企业财务核心竞争力的基本属性。

1.3.2 关于企业财务核心竞争力构成因素的研究

现在学术界普遍将企业财务核心竞争力的构成要素划分为财务战略、财务资源、财务能力和财务执行，但是对于四个要素内容的详细划分存在差异。也有学者将企业财务核心竞争力划分为三要素和多要素。具有代表性的观点有：

郭晓明（2005）从系统论的角度归纳出形成财务核心能力的四个要

素，即能力资源、基础能力、能力制度以及机制和能力状态。

王小朋（2005）按照企业财务本身的规律和核心能力的特征，将可能包含于企业核心能力的财务能力表述为三个方面：财务营运能力、财务管理能力、财务表现能力。

郝成林和项志芬（2006）认为，财务核心竞争力的构成要素包括财务战略要素、理财能力要素、财务资源要素以及执行力要素等。其中，执行力要素包括管理团队，领导作用，管理层的责、权、利以及管理机制。后续学者在此基础上逐渐完善"四要素"的构成内容。

佟如意（2007）、朱皓珏（2012）、王萌（2012）认为，企业财务核心竞争能力作为一种系统能力，必然由各种子能力系统组成。影响企业财务竞争力的要素可以归纳为财务战略、财务资源、基本财务能力等几个主要方面，各要素又可细分为若干个子要素，这些子要素共同发挥作用，共同作为企业财务核心竞争力的形成基础。其中，财务战略包括筹资战略、投资战略、收益分配战略等；财务资源主要包括基础资源、财务人力资源和科技资源；基本财务能力分为财务营运能力、财务管理能力以及财务应变能力。

吴军海（2010）从银行资本状况、盈利能力、流动性水平、资产质量四个维度构建指标来衡量城市商业银行的财务竞争力情况。

王增慧（2014）认为，财务核心竞争力包括财务战略、财务资源以及财务能力这三个方面的竞争优势。

贺正楚等（2016）认为，企业财务核心竞争力受经营能力、偿债能力、资产规模以及发展能力这四个因素的影响。

邵仲岩等（2015）从偿债能力、盈利能力、营运能力、发展能力、现金流创造能力5个维度构建了16个定量财务指标，来刻画企业财务核心竞争力水平。

张发洪（2017）将企业财务核心竞争力划分为财务战略、财务资源、财务能力、财务执行四大要素。其中，财务资源又包括财务基础资源、财务人力资源、客户信息需求、科技资源四个方面；财务能力是最重要的组成部分，它包括财务营运能力、财务管理能力、财务应变能力三大部分。

陈高健（2017）认为，企业财务竞争力由财务战略、财务资源和财务能力三要素构成。他认为，财务战略是通过对企业资源的统一配置，最大限度发挥资源效能；财务资源是培育企业财务核心竞争力的资源支撑，任何财务战略的实现都离不开财务资源的供给；财务能力则集中体现为企业配置财务资源的能力，企业短期内对财务资源的高效利用可以形成企业基础性的财务能力，而企业长期综合性的提高就需要较强的财务竞争力。

从现有的研究成果来看，学术界对于财务核心竞争力构成要素的认识差别较小，大多数学者将财务核心竞争力划分为三要素或四要素构成，且对此的认知逐渐统一。但是现有研究对四要素的具体内容的认识还不够统一，需要深入研究，进一步明确各要素的边界，以便于评价和提升企业财务核心竞争力。

1.3.3 关于企业财务核心竞争力评价体系的研究

目前，针对如何评价企业财务核心竞争力这一问题，尽管诸多学者专家贡献了自己的想法和建议，但由于指标和体系的设定具有主观性，评价层面各异，且在评价中缺乏核心指标，所以企业财务核心竞争力的评价体系至今未能统一。相关的代表性观点有：

王艳辉和郭晓明（2005）提出一种基于层次分析法（AHP）的企业财务核心竞争能力识别方法，即借用平衡记分卡的思想以及波特价值链原理，建立一套"企业财务绩效—财务能力—能力元件"的三层次评价指标体系，再用 AHP 量化评价结果。虽然他们提出了评价财务核心竞争力的基本思路，具有一定的创新性，但尚未在后续的研究中提出合理、科学、可行的评价指标体系以及运用方面的研究，缺乏实用性。

佟如意（2007）将财务核心竞争能力的评价体系分成了 4 个层次，依次是目标层、准则层、子准则层和方案层，该评价体系重点考察企业的偿债能力、盈利能力、成长能力和运营能力。其中，子准则层是衡量准则层的具体指标，笔者选择了 10 个有代表性的财务指标；方案层也就是所要评价的 3 家上市公司。由此形成了"备选方案—财务绩效（具体指标）—财务能力—财务核心竞争能力"的四层次评价体系。该评价体系只是从财务核心竞争能力的表现结果进行衡量，并未涉及财务核心竞争能力的其他基础评价体系以及转换机制方面的研究，存在一定的局限性，不够完善。当然，采用这一评价体系的优点在于指标数据易于获取，数据的采集、整理工作轻松。

王小朋等（2004）提出企业财务核心能力评价的三个维度，包括企业财务活动能力、企业财务管理能力、企业财务表现能力。该评价体系设计了 3 个一级指标、12 个评价要素、65 个评价指标。虽然该指标体系全面、完整，但实施起来比较困难，有些定性的评价指标不易判断，所以该评价指标体系的可行性较差。

秦月（2018）从偿债能力、营运能力、创新能力、盈利能力、现金流量能力和发展能力 6 个维度构建了 6 个一级指标、15 个二级指标来评价企业财务核心竞争力，然后以 45 家环保行业类上市公司为例验证上述企业财务核心竞争力评价指标体系。

刘权锋（2018）从盈利能力、偿债能力、营运能力、成长能力与行业特征 5 个维度设置了 5 个一级指标、15 个二级指标，并采用因子分析法构建了财务核心竞争力评价体系，但是并未对非财务指标进行计算评价，忽略了一些宏观环境和政策扶持等因素。

王立东（2018）采用层次分析法（AHP）和模糊综合评价法（FCE）相结合的方法，通过确定评价因素与因素权重—建立层次分析法结构模型—构造比较矩阵—特征向量一致性检验等步骤构建了财务核心竞争力综合评价指数。尽管层次分析法能够将复杂问题进行简单化处理，但层次分析法仅能够分析核心竞争力各个相关指标对财务核心竞争力的影响水平，并不能反映各个指标之间的相互影响作用。

平新飞（2018）从财务执行力、财务持续盈利能力、财务资源配置能力、财务战略管理能力 4 个维度构建了 11 个财务核心竞争力定量评价指标，并采用结构方程模型实证分析了企业财务竞争力对企业价值的影响。但是，该文由于缺乏财务核心竞争力方面的定性分析，并未全面、系统地考察财务核心竞争力带来的经济后果。

当前，学术界对于企业财务核心竞争力评价体系的研究方法较多，分析层次和角度各不相同，其中最主要的分析方法包括因子分析法、层次分析法、结构方程模型、DEA 数据分析法和平衡记分卡等。财务核心竞争力是起到价值增殖作用的一种整合性能力，是企业在财务管理竞争中保持长期竞争力的关键点，是一种结合多因素优势而成的合力。但从目前的研究成果来看，由于不同学者对财务核心竞争力评价指标、评价层面、评价方法等方面的认识差异，学术界关于如何评价企业的财务核心竞争力、采用什么样的指标、运用什么样的评价方法等并不能给我们一个满意的答案。因此，要先确定财务核心竞争力的评价原则、评价方法，并围绕企业财务核心竞争力的构成要素设定核心的评价指标，才能对该问题进行深入研究。

1.3.4 文献述评

以上专家、学者虽然从不同的角度和层面对企业财务核心竞争力进行了有益的探讨，但是由于相关研究并未完善，还需要深入研究。虽然目前对企业财务核心竞争力的研究逐渐统一，但没有详细的系统理论对现有成果进行综合分析和研究，这种情况会使对企业财务核心竞争力的研究从理论转向企业财务管理实践应用层面上受到限制。

现有研究存在的不足主要表现在：一是对企业财务核心竞争力的基本内涵、本质特征等理论问题尚未形成统一的认识；二是较少从企业财务核心竞争力的各个构成要素对企业财务核心竞争力的作用机理进行研究；三是企业财务核心竞争力的识别及评价计量模型不统一，各个评价方法都存在较为明显的缺点；四是培育与提升企业财务核心竞争力的主要途径及配套措施缺乏可实践性。因此，找到一套合适的研究方法和评价体系来探索企业财务核心竞争力的本质和特点在当前不仅具有重大的理论价值，还具有重要的现实意义，这能加速推进企业财务核心竞争力从理论向应用层面转型，并将直接助力我国企业更深刻地认识到企业财务核心竞争力的重要性，进而在企业财务核心竞争力的基础上进行企业战略财务管理。

1.4　研究内容与研究框架

本书主要研究如何建立一套评价企业财务核心竞争力的指标体系，使企业能够界定清楚自身"有没有财务核心竞争力""财务核心竞争力体现在哪些方面""财务核心竞争力究竟有多强"等基本问题，进而采取切实可行的措施，从内功和外因两方面来培育与提升企业的财务核心竞争力。本书的研究内容包括以下九个部分：

第1章，绪论。本章首先从企业核心竞争力培养的现实问题出发提出本书研究的问题，进而介绍本书的理论意义与现实意义；其次，对本书的相关研究文献进行了综述；再次，概括介绍了本书的研究内容与研究框架；最后，介绍了本书的研究方法。

第2章，企业财务核心竞争力的基本理论。本章在厘清企业财务核心竞争力内涵和基本特征的基础上，构建了企业财务核心竞争力的本源模型结构，并分析了企业财务核心竞争力对企业生存发展的影响路径和重要性。同时，本章根据企业发展的客观要求，结合企业财务管理目标演化的历程，提出了企业财务管理的新目标——企业财务核心竞争力最大化。

第3章，企业核心竞争力与企业财务核心竞争力的关系。企业财务核心竞争力是企业核心竞争力在财务管理上的具体体现，两者之间存在相辅相成的关系；但由于两者包含的要素、内容、范围等方面的不同，所以又存在一定的差异。本章结合企业核心竞争力的现有研究，分析讨论了企业核心竞争力与企业财务核心竞争力的关系。

第4章，企业财务核心竞争力的构成要素及其关系辨析。企业财务核心竞争力的构成要素是一个复杂的集合，本章在分析企业财务核心竞争力构成要素的基础上，对各构成要素之间的相互关系进行辨析，为识别企业财务核心竞争力奠定了基础。

第5章，企业财务核心竞争力的识别与评价。本章在识别企业财务核心竞争力的基础上，通过对现行企业财务核心竞争力评价体系的局限性分析，提出了企业财务核心竞争力评价指标体系的设计原则、设计思路，并构建了一、二、三级评价指标。

第6章，企业财务核心竞争力综合评价。本章首先运用 AHP 方法，构建了企业财务核心竞争力评价子模型，即财务竞争基础子模型、财务竞争机制子模型、财务竞争表现子模型；同时，采用线性加权的方法建立了财务核心竞争力综合评价模型。其次，以重庆渝开发股份有限公司为例，利用其近 20 年的财务数据分析企业财务核心竞争力的发展情况，并结合其近 20 年的财务实际情况，分析和验证企业财务核心竞争力评价指标体系的科学合理性。

第7章，企业财务核心竞争力评价指标体系的应用——以重庆上市公司为例。本章以重庆上市公司为例应用企业财务核心竞争力评价指标体系，并分析了重庆上市公司财务核心竞争力培育的优势、劣势及制约因素，为重庆上市公司财务核心竞争力培育思路的提出夯实基础。

第8章，企业财务核心竞争力的培育路径。本章主要从培育和提升企业的可持续盈利能力、可持续创新能力、可持续发展能力、可持续风险管理能力以及企业的基本财务能力五个维度提出了企业财务核心竞争力的培育路径。

第9章，研究结论与研究局限。本章对本书的研究成果进行了总结概括，同时分析了本书的研究局限并提出了未来的研究展望。

本书的研究框架与技术路线如图 1.1 所示。

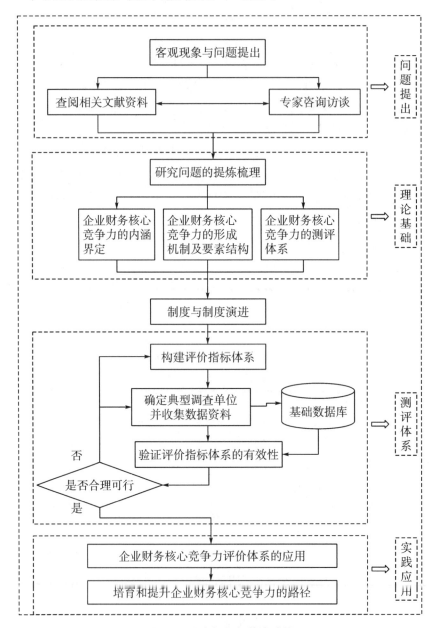

图 1.1　研究框架与技术路线

1.5　研究方法

研究方法是认识和把握研究对象的有效工具。企业财务核心竞争力研究需要连接理论与实践，为此，本书采用理论研究与实践研究相结合的方法，力求虚实结合。本书主要采取以下四种研究方法：

（1）规范分析与实证分析相结合

本书借鉴企业核心竞争力理论，对企业财务管理实践进行研究。财务核心竞争力的研究，既是一个理论问题，也是一个现实问题，必须阐明研究背景、必要性、现实意义以及基本理论框架。为此，本书采用了规范分析法，在广泛收集有关文献的基础上，通过分析、比较、综合、演绎与归纳得出有关结论，并通过实践进行检验。

（2）定量分析与定性分析相结合

企业财务核心竞争力评价指标既包括定量指标也包括部分定性指标，本书将定量指标和定性指标结合起来。但一些指标的量化过于复杂且有一定的实际操作难度，在不影响研究结论的前提下，可暂不纳入评价体系的计算中。因此，本书采用两者结合的方式，使研究成果更具实践价值和学术价值。此外，本书在选用具体的评价模型时，根据评价对象的特点，采用线性综合评价模型。

（3）全面统计与抽样调查相结合

本书认为，只使用全面统计方法或只使用抽样调查方法都不能完整、科学地呈现数据，因此，本书采取全面统计和抽样调查相结合的方法。一方面，通过发放调查表，对典型企业的基本情况进行全面的调查；另一方面，选择具有代表性的企业进行抽样调查，对企业财务核心竞争力现状做出科学判断。

（4）比较分析法

本书运用比较分析法，来研究财务核心竞争力在企业财务管理不同竞争环节上的阶段性特征及其构成要素，以及各构成要素之间的相关性，并对企业财务核心竞争力进行综合评价。本书在尽可能对现有资料了解、分析的基础上，采用比较研究法，通过纵横双向的深度比对和取长补短，切实把握、深刻认识，以期拓宽所研究问题的深度和广度。

2 企业财务核心竞争力的基本理论

作为企业核心竞争力不可或缺的一部分，企业财务核心竞争力直接反映了企业核心竞争力的整体实力，因此，研究企业财务核心竞争力具有重要的意义。而目前关于企业财务核心竞争力的研究才刚刚起步，成果较少，且现有研究缺乏对实践的指导作用，致使财务核心竞争力在现代企业中未能发挥应有的功效。因此，企业要实现财务核心竞争力的价值，必须要界定清楚财务核心竞争力的内涵与基本特征。

2.1 企业财务核心竞争力的内涵界定

在核心竞争力相关理论及结构模型的基础上，要研究企业财务核心竞争力就必须界定清楚其内涵及基本特征，否则之后的研究将是纸上谈兵且模糊不清。在企业的战略财务管理中，财务核心竞争力是战略焦点，它是实现企业财务竞争力、保持企业财务甚至整个企业持续竞争优势不可或缺的企业能力（王艳辉 等，2005）。那么，什么是企业财务核心竞争力呢？

在前述分析的基础上，本书认为，企业财务核心竞争力是在企业的动态财务管理过程尤其是战略财务管理中，由企业的财务竞争基础（条件）、财务竞争表现以及财务竞争机制相互支撑、相互耦合，依赖于财务组织的学习与创新，所形成的相对于其他企业所具有的可持续竞争优势的整合性能力（张文鑫，2020）。它是企业核心能力的集中体现，是企业最为重要的核心能力，也是一个系统或组织的一种宝贵、稀缺的无形资产，其动力是学习与创新，目的是实现企业的可持续发展。

这一定义包含以下五个方面的含义:

(1) 企业财务核心竞争力是一种综合竞争能力,它是一种合力,而非单一的某种能力。所以,本书强调了企业财务核心竞争力是"整合性的财务能力"。单一的财务能力或财务竞争优势不能构成企业财务核心竞争力,只有几种能力交织在一起,相互融合、相互作用,才能形成一种强大的企业财务核心竞争力。也正是因为企业财务核心竞争力是多种力量、多种资源要素交织融合的结果,它才能有效提高财务核心竞争力的模仿难度和价值创造性(陈蕾,2010)。

(2) 财务竞争基础(条件)中最基础、最活跃、最综合的要素——财务人力资源,对企业的各项财务管理能力均有影响,直接关系着企业财务核心竞争力的强与弱。因此,要培育与提升企业的财务核心竞争力必须将财务人力资源作为切入口,提高财务管理人员的自身综合素质。

(3) 企业内部应建立一套高效率的财务竞争机制,这种机制有助于企业有效调动各类财务资源和提升企业配置效率,从而尽量降低企业财务成本,提高财务管理绩效。

(4) 企业财务组织的学习与创新能力是企业财务核心竞争力形成与发展的内在动力与源泉。企业财务核心竞争力积累的关键是财务管理部门成为学习型组织,不断地发挥"干中学"的作用,使财务管理工作能够灵活适应外部环境的变化(周晓凤,2004;郭晓明,2005)。

(5) 在知识经济环境下,财务核心竞争力最大化才是最为科学合理的企业财务管理目标,企业财务核心竞争力的强弱在一定程度上反映了企业经济效益的高低。同时,它把"经济效益最大化""利润最大化""每股利润最大化"等观点包括进来,还体现了战略财务管理的现实需要,最终会促进企业的可持续发展。

2.2 企业财务核心竞争力的基本特征

张维迎(2002)在谈及核心竞争力的特征时,用了五个形象的词组:偷不去、买不来、拆不开、带不走、溜不掉(齐刚,2002)。财务核心竞争力既具备核心竞争力的共性,同时也兼具财务能力本身的个性。经过归纳与分析，本书认为企业的财务核心竞争力应具备以下五个基本特征：

（1）价值创造性

企业财务核心竞争力在企业价值创造方面具有重要的作用，它能显著提高企业的资金运营效率，增强企业的盈利能力和防范财务风险能力，从而提高企业的社会贡献率。譬如，具有创新优势的企业在研发过程中，合理配置人力资本、要素资本以及知识资本，可以取得"双赢"的效果——既降低成本又使企业获得较高的市场占有率。

（2）异质性

不同企业在可控财务资源的禀赋、财务人员素质和管理水平等方面的不同，使各企业财务核心竞争力的差异性较为明显。这种差异是客观存在的，是竞争对手难以模仿和替代的，所以才有利于企业的长期竞争优势得以可持续发展。

（3）综合性

企业财务核心竞争力渗透于企业财务能力之中，更具有内隐性，不易被人发现。它贯穿于企业财务活动的始终，筹资、投资以及收益分配等活动都离不开企业财务核心竞争力。企业通过一系列综合的财务活动把企业财务核心竞争力体现出来，使之能为系统的财务活动提供发展的"养料"以及发挥稳定企业财务系统的作用。

（4）协同性

两项或多项财务能力与理财知识结合、创新所产生的新公司理财核心竞争力，不是原来几项能力的简单相加，而会产生"1+1>2"的协同效应，这些特征也符合 BarnRy 检验核心竞争力的主要标准（王艳辉 等，2005）。例如，集团内部重组产生的最明显的组合协同效应，是将重组各方的最具优势的方面成功转移到新公司中，并运用到产品、服务的生产过程中，用来推进产品改进，控制成本费用，降低财务风险，体现起始驱动重组的财务协调效应，为新公司创造新的价值。

（5）动态性

哲学认为，万事万物都是发展变化的，静止不动的事物是不存在的。在未来变化莫测的市场竞争中要保持可持续的竞争优势，必须拥有动态发展的财务竞争力，这样才能让企业立于不败之地。对于有竞争优势的企业，不能仅仅满足于已取得的成果，要不断地创新与发展，使优势永久地延续下去。未来企业的财务竞争，将是以企业财务核心竞争力为主导的新型财务竞争。

2.3 企业财务核心竞争力的本源

由于企业核心竞争力是一种公司层次的战略行为选择的结果，据此我们同样可以说企业财务核心竞争力是企业财务系统进行财务战略选择的结果。财务战略一经选定，就意味着与企业的财务核心竞争力紧密连接起来。这一选定过程一旦形成，便成为企业财务竞争力的核心。现代企业管理应采纳动态的战略财务方法，结合企业能力和战略理念，以市场为驱动，着重培养财务核心竞争力，旨在提升企业价值并帮助企业在动态市场中维持竞争优势。只有具备财务核心竞争力的企业，才能够主动适应不断变化的环境，抓住机遇，有效利用自身的财务资源，创新财务管理的理念与方法，从而在未来充满挑战的市场竞争中保持持续的竞争优势（王艳辉等，2005；陈蕾，2010）。

由此可见，企业财务核心竞争力的本源就是企业在财务战略的指导下，将其独特的财务资源、能力或两者的组合作为基石，通过学习、实践、创新与控制等环节，培育和提升企业的财务核心竞争力。由于企业的财务创新必然伴随着风险，比如，运用新的财务管理软件，一旦系统瘫痪，试运行失败，将导致整个企业的财务工作无法正常运行，由此产生的损失将是无法计量的。所以在财务创新的同时，企业要实施有效的监管与控制，达到财务管理的自我完善与自我发展的目标。如此循环往复，促使企业不断提升自身的财务核心竞争力。企业财务核心竞争力的本源模型结构如图 2.1 所示。

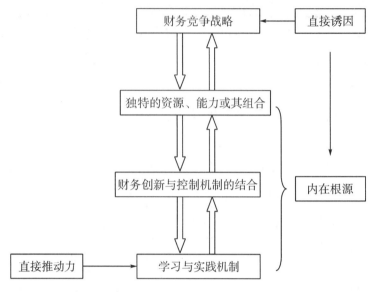

图 2.1　企业财务核心竞争力的本源模型结构

2.4　企业提升财务核心竞争力的必然性

2.4.1　企业财务核心竞争力与企业发展的关系

企业核心竞争力是企业多种技能、要素资源、机制制度有机结合的结果，即在特定的市场环境下，企业不同技术系统、管理系统和技能知识等要素有机融合形成的一种综合性竞争力。在现实的市场竞争中，那些拥有核心竞争力的企业比没有核心竞争力的企业具有更明显的市场优势，这不仅表现在具有更强的市场竞争力和战胜对手的能力，还表现在这类企业能够创造超额利润（郭晓明，2005）。

企业的生存依赖其自身的生存能力，但仅有生存能力是不够的，它并不等同于企业拥有市场竞争力。生存能力的强度不同导致企业结局存在显著差异，企业生产能力过于脆弱容易导致企业消亡，而当企业生存能力达到一定强度时，便逐步演变成企业竞争力，从而促进企业可持续发展（张玉发，2007）。随着创新和整合的不断进行，企业竞争力可以得到进一步提升和蜕变，最终孵化为企业的核心竞争力。在知识经济时代，企业核心竞争力是企业追求的目标（俞国方，2001；郭晓明，2005）。

　　企业之所以能够长期保持成功和发展，其核心竞争力发挥了至关重要的作用。从生存到发展再到竞争，生存能力、发展能力及包括财务竞争力和财务核心竞争力在内的各类竞争能力的形成都是一个动态的过程（俞国方，2001）。企业财务核心竞争力是从基本的财务竞争力发展而来的，它依赖于财务资源、财务机制和财务能力之间的高效协调与整合。这种能力的加强，实际上是企业财务能力的持续提升和优化的成果。企业财务核心竞争力的增强，直接影响着其整体竞争实力，使企业在市场上的竞争优势得到显著提升。同时，企业整体核心竞争力的提升也会反过来增强其财务核心竞争力，对公司的财务管理起到关键的支撑作用。企业生存能力、发展能力、竞争能力、财务核心竞争力与企业发展的关系如图 2.2 所示。

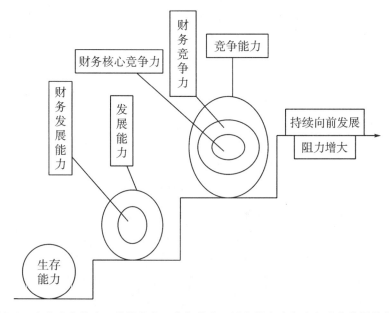

图 2.2　企业生存能力、发展能力、竞争能力、财务核心竞争力与企业发展的关系

2.4.2　提升企业财务核心竞争力的重要性

　　我国企业要增强竞争实力，关键是要练好"内功"，首先是要提升企业财务核心竞争力。它不是标新立异的凭空想象，而是对企业财务管理实践经验的总结与升华（郭晓明，2005）。培育与提升财务核心竞争力是企业健康发展的必由之路，具有至关重要的现实意义。

（1）提升企业财务核心竞争力是增强企业核心竞争力的关键所在

众所周知，财务管理在企业管理中处于中心地位。企业财务管理工作的好坏决定着企业生存与发展的命运好坏。近年来，一些企业的财务丑闻让其半路夭折，给广大投资者造成较大的物质与精神损失。企业财务核心竞争力作为企业核心竞争力的有机组成部分，其强弱集中体现了企业核心竞争力的强弱。提升企业财务核心竞争力，提高企业管理的规范化和科学化水平，对于企业争取和保持持续竞争优势具有攸关全局的作用。

（2）提升企业财务核心竞争力是实现企业战略财务管理目标的根本保证

竞争与战略是相辅相成的，企业战略财务管理的需要是培育与提升其财务核心竞争力的前提和动力。竞争战略与财务管理的融合，增强了企业的竞争意识，并体现在企业的财务战略之中。在人类进入网络、信息技术高速发展，知识经济扮演主要角色的新经济时代，企业管理者需要从战略的高度培育与提升自身的财务竞争力，努力避免一次性财务行为和短期化财务行为。战略财务管理更需要企业从长远利益的角度出发，提升企业的财务核心竞争力，维持可持续发展的竞争优势，这样才能使企业在面对变化莫测的外部环境时，科学地运用理财原则和资本市场的规律，进一步挖掘自身潜力，提高经济效益，确保企业战略财务管理目标的实现。

（3）提升企业财务核心竞争力是提高企业财务管理绩效的现实要求

企业财务管理绩效直接影响着企业在资本市场上的股票价格，进而将影响投资者选择其股票的概率，产生的连锁反应犹如"多米诺骨牌效应"，最终将影响整个经济的发展与社会的稳定。基于此，企业必须加强财务管理，提高财务管理的水平，以稳定中国的资本市场。毫无疑问，当务之急就是要提升企业的整体财务竞争力，维持企业的竞争优势，以吸引广大的投资者进行投资。企业财务核心竞争力的培育和提升，以及企业财务资源、财务能力、财务治理机制的耦合，有助于优化企业的筹资、投资、分配等财务行为，协调企业各种财务能力之间的关系；有助于企业在不同生命周期正确地实施抓"大"放"小"的财务政策，推动其进行财务创新，从而不断提高企业的财务管理效率；也有助于企业做到"开源"与"节流"并举，提高企业的经济效益，进而提高企业的财务管理绩效。

我国经济体制改革的不断深入，为企业的发展营造了良好的外部环境。但是，部分企业自身管理存在弊端，尤其是在财务管理方面，如财务意识淡薄、财务观念陈旧、财务目标模糊、财务治理结构不明、财务分配混乱等，阻碍了企业的可持续发展。若不及时进行有效的调整与改良，会导致广大投资者对企业的发展前景产生担忧，进而会影响经济发展的进程。基于目前宏观经济发展的大背景，本书认为，有必要对我国企业财务核心竞争力水平进行综合判断与评价，从中发现问题、找出差距、探究根源，进而"对症下药"，以帮助企业改善财务管理工作，提升财务核心竞争力；与此同时，为利益相关者提供企业财务核心竞争力水平及其变化状况的科学依据，促进社会、经济的健康发展。因此，运用财务核心竞争力评价指标体系对企业财务核心竞争力进行综合分析与评判，是指导企业竞争与发展的"锐利武器"，具有重要的现实意义。

2.5 企业财务管理目标回顾及重新审视

2.5.1 传统企业财务管理目标及其存在的问题

财务管理目标既是财务管理的一个基本理论问题，也是财务管理活动的"导向器"，直接决定着企业财务管理的基本方向，对整个企业的财务活动具有根本性影响，同时也为评估企业的财务行为提供了一个基准（杨传勇 等，2007；金振宇 等，2008；罗东鑫，2022）。因此，财务管理目标研究一直是学术界和实务界关注的核心问题之一。截至目前，比较有代表性的财务管理目标理论有：利润最大化理论、净现值最大化理论、每股收益最大化理论、股东财富最大化理论、企业价值最大化理论、所有者财富最大化理论、资金运动合理化理论、可持续发展能力最大化理论、EVA最大化理论。下面分别阐述上述理论的主要思想和局限性，为后文研究夯实基础。

（1）利润最大化理论

该理论是从19世纪初形成和发展起来的，其渊源是亚当·斯密的企业利润最大化理论。利润最大化理论认为，企业一切财务活动的成果在一定程度上最终都归结到利润水平上，利润越多说明企业的财富增加得越多。长期以来，我国多数企业都以"利润最大化"作为财务管理的目标。有学者明确提出，用利润最大化作为企业理财总目标是一种客观的选择（何清波 等，1998；熊梅 等，2008）；国有企业管理目标的完整表述应该是：在履行足够的社会责任的基础上追求利润最大化（祁怀锦，1999；熊梅 等，2008）。

事实上，企业以"利润最大化"为财务管理目标的确有其合理性。首先，利润是企业积累的源泉，高利润能够保障企业的稳定发展和资本积累，同时保障企业在竞争中求得生存和发展的基本条件；其次，对于投资者和利益相关者而言，利润事关其根本利益，利润越多说明股东财富增加越快，赚得越多就越接近企业的发展目标；最后，利润核算方法成熟，利润最大化目标便于绩效的考评和经营方案的确定。

然而，随着商业模式的转变，企业组织形式和经营模式复杂多样，企业价值创造模式和利益主体呈现多元化。在此情况下，将利润最大化作为唯一的财务管理目标就难以适应现实需求。其问题主要有以下四个：一是未考虑利润的取得时间，忽略资金的时间价值；二是未充分考虑利润与投入资本之间的配比关系，这会影响不同时期财务绩效的可比性；三是未考虑获取利润与所承担风险的关系，导致企业内部控制人在决策时对风险的关注不足；四是若只专注于利润最大化，而忽略其他利益相关者的合理权益，可能会影响企业未来的资本来源，滋生企业的短期行为，即企业决策过程中过于关注短期利润而忽略了长期的发展能力。

（2）净现值最大化理论

20 世纪 40 年代末，国外财经学术界开始关注企业内部资源配置以及企业在资本市场中的角色和作用。随着 1951 年乔尔·迪安（Joel Dean）所著的《资本预算》面世，财经学术界开始集中讨论如何配置企业资源以创造更多现金流和净现值（苏武俊 等，2001；熊梅 等，2008）。净现值最大化理论认为，如果企业内各个项目的净现值都达到最大值，那么企业创造的净收益也会达到最多，从而使资本实现最大化增值（杨成炎，1999；张金霞，2002）。该理论为后续的投资决策理论提供了理论基础，同时因为该理论考虑了资金时间价值和部分投资风险，所以比利润最大化理论更完善，但它并未从根本上克服利润最大化目标的缺陷（苏武俊 等，2001）。

（3）每股收益最大化理论

20 世纪 60 年代，随着资本市场的日臻完善和"股份制"的盛行，西方财务学者开始讨论将"每股收益最大化"作为财务管理目标的可行性。该指标反映了股份公司发行在外的普通股每股可能分得当期企业所获利润的多少，刻画了衡量一家公司在一定时期内为其股东创造的价值。相比利润最大化理论而言，该理论考虑了资本投入与价值创造之间的配比关系[一定时间内单位投入资本（每股）所获得的收益情况，或者普通股股东每持有一股所能享有的企业净利润或需承担的企业净亏损]。然而每股收益最大化目标并未充分体现资本投入背后面临的潜在风险，而且该理论假设股东所获得的收益仅来源于利润分配，忽略了企业股利政策对股票股价的影响。若企业的目标单纯是为了提高每股收益，那企业便不会支付股利，这势必将影响股东的期望值和股票的市场价值，最终影响股东收益。

（4）股东财富最大化理论

在美国，公司股东以个人股东为主，他们不直接参与公司治理，仅仅通过资本市场的股票交易和股价波动间接影响公司决策，并且公司高管的薪酬与公司股价直接相关。在此情况下，股价成为管理层进行财务管理决策时所考虑的最重要的因素（杨晓东 等，2005），股东财富最大化理论应运而生。

持这种观点的学者认为，股东创办企业的目的是财富增长，股东是公司所有者和出资人，公司发展理应追求股东财富最大化。在股份制经济条件下，股东财富由其所拥有的股票数量和股票市场价格两方面来决定，在股票数量一定的前提下，当股票价格达到最高时，股东财富也达到最多，所以股东财富最大化最终体现为股票在市场上的表现（张兰花，2007）。

以股东财富最大化为财务管理目标，既考虑到资金时间价值和风险因素，又比较容易量化，便于考核和奖惩，而且在一定程度上克服了企业在追求利润上的短期行为，因此西方企业一度将股东财富最大化视作财务管理的主要目标。然而，"股东财富最大化"这一财务管理目标仅适用于上市公司，而且要求金融市场是有效的。事实上，在像中国这样的新兴加转轨市场，股票价格受多重因素的影响（其中很多是企业难以控制的，如市场波动和宏观经济条件），股价与公司价值创造之间的联系并不紧密，因而难以将股东财富最大化作为财务决策的主要依据；同时，股东财富最大化也因为过于倾向于股东利益，而忽视了公司其他利益相关者，如员工、客户和供应商的利益，从而会影响企业的长远发展。

（5）企业价值最大化理论

20 世纪 80 年代以来，随着有效市场理论、资本定价理论、资产组合理论、期权定价理论、战略管理理论的提出和完善，学者们对财务管理目标的认识更加深入，他们将战略理论与财务理论相融合提出"企业价值最大化理论"。

企业价值从根本上来说就是市场对企业资产的整体估值，在现实中，企业价值主要由其当前的盈利能力和未来的盈利前景决定。企业价值最大化是指，企业要紧紧围绕价值最大化目标，适时地根据环境变化把握投资机会，采取最佳的财务政策，合理配置企业资源，充分发挥财务管理作用，实现企业资产总价值最大化和企业可持续发展。

综合来看，将企业价值最大化作为财务管理的目标，综合考虑资金的时间价值、风险因素、通货膨胀等因素的影响，具有很强的综合性，便于抑制企业的短期行为，同时也考虑了债权人等其他利益相关者的利益诉求。因此，有学者认为企业价值最大化理论体现了对经济效益的深层认识，企业价值最大化通常被认为是现代西方企业最理想的财务目标（张金霞，2002；肖侠，2003），以及现代财务管理的最优目标（荆新 等，1998）。

然而，该理论仍受到诸多批评：一是概念比较模糊和笼统。部分学者认为，企业价值最大化就是股东财富最大化（刘贵生 等，1997）。但有学者认为，企业价值与股东财富不是同一概念，不应该混同。企业价值相当于资产负债表左方的资产价值，而股东财富应相当于资产负债表右方的所有者权益的价值（王庆成，1999；肖侠，2003）。二是企业价值度量比较困难，不利于实际操作。比如，对于非上市公司而言，其企业价值必须通过专业评估才能确定，而且评估的价值还受到评估标准、方法、方式等的影响，企业价值评估比较困难且不客观；对于上市公司而言，虽然可以通过股价波动直接估算企业价值，但公司股价受多重因素的影响，与企业价值的联系并不紧密，尤其是在我国这种新兴加转轨的资本市场，股价能否准确刻画公司价值尚有争议（苏武俊 等，2001）。

（6）所有者财富最大化理论

该理论认为，在社会主义市场经济条件下，我国企业的财务管理目标应表述为所有者财富最大化（郭复初 等，1997）。在我国经济改革中，"所有者"的概念已被社会公众接纳。对于股份制企业而言，所有者就是公司股东，也是公司投资者；对于非股份制企业而言，所有者就是企业投资者（王庆成，1999）。所有者财富最大化理论与股东财富最大化理论类似，认为企业决策应该将出资人的利益作为首要考虑因素，以所有者财富最大化作为企业财务管理的主要目标便于激励投资人的出资行为。

（7）资金运动合理化理论

持该观点的学者认为，企业财务管理的首要目标应当是促进企业资金合理化运作，换言之，财务管理要通过筹资、投资、营运资金管理、利润分配等一系列财务行为，实现企业资金的优化配置以及资金流动性、安全性和盈利性的有机统一，使资金运动达到一个科学合理的状态（汪孝德等，1994）。

该理论直接关注资金运动环节，有助于促进财务管理与业务管理的融合，但该理论也存在明显的局限性。首先，相较于能明确量化的其他财务管理指标的目标，如利润最大化、股东财富最大化、企业价值最大化等，资金运动合理化存在较难量化的问题，依赖管理人员的主观判断。其次，资金运动涵盖企业筹资、投资、营运资金管理、利润分配等一系列财务行为，资金运动合理化目标实际上是对整个企业财务流程的优化，但该理论并未明确财务管理目标究竟是什么，导致财务管理事务中目标方向模糊不清（肖侠，2003）。

（8）可持续发展能力最大化理论

有学者提出，企业财务管理目标应是可持续发展能力最大化（李端生等，1998）。该观点认为，随着知识经济的到来，人们越来越重视企业生命周期和长期发展能力，并将企业可持续发展能力视作企业最大价值的根源。李端生和李占国（1998）认为，企业财务管理目标应当与企业管理的最高目标保持一致，必须是经济性目标与超经济性目标的高度统一，战略性目标与战术性目标的有机结合，所有者利益与其他主体利益的最佳兼顾，绝不能只是一项非常具体化、定量化、具有明显倾向性的财务指标。该理论与企业价值最大化理论类似，充分考虑了资金的时间价值、风险因素等，便于避免企业的短期行为，使企业的理财思路跳出资金管理的局限。但企业的可持续发展能力是一个综合性目标，难以量化，因此财务实践中实施起来较为困难（肖侠，2003）。

（9）EVA 最大化理论

持该观点的学者认为，企业财务管理目标应是用尽可能少的资本投入为股东创造尽可能多的价值，而为股东创造的价值不仅仅是会计利润，更重要的在于经济附加值（EVA），EVA 最大化就是权衡了经营者利益的股东财富最大化（艾志群，2002）。

EVA 刻画了企业在一定时期内营业利润与资本成本之差，反映了企业扣除资本成本后的实际收益。与利润最大化等财务管理目标相比，以 EVA 最大化作为财务管理目标不但充分考虑了企业投入资本与所获收益的配比关系，还真正地将经营者的利益和股东的利益最大限度地结合起来，妥善解决了第一类委托代理问题，促进经营者的财务管理目标与股东财富最大化趋同。同时，EVA 相对来说计量简单、便于操作。因此，将 EVA 最大化作为企业财务管理目标是一种科学而现实的选择（艾志群，2002）。当然，EVA 最大化理论过于强调 EVA 容易导致企业忽视其他利益相关方的权益，如社会责任的履行等。

除上述 9 种财务管理目标之外，学术界还不断提出新的见解，如权益资本利润率最大化理论（王庆成，1999）、多元目标理论（张涛，1999）、长期资本增值最大化理论（陆正飞，1996）以及有效增值最大化和相关利益协调化（张卓 等，2002）理论等。

2.5.2 企业财务核心竞争力最大化目标的科学性

众所周知，企业财务管理具有价值管理和综合管理的双重特征。企业财务管理目标源于企业总体目标并为企业总体目标服务。换句话说，企业财务行为属于企业行为的一部分，企业财务管理目标是企业总目标的具体化或者某一模块的目标。因此，我们在研究财务管理目标时，不能将企业财务管理目标与企业总体目标剥离开来，但也不能将二者视为完全等同，否则，企业财务管理目标的争议将一直持续（郭晓明，2004）。但是，纵观我国财务管理目标的研究，包括近些年提出的新观点，仍与企业经营目标存在重叠。换个角度思考，企业生存发展的动力来源于持续发展核心竞争力，这具有根本性、全局性、长期性和相对稳定性的特征，财务管理的宗旨也在于此，即帮助企业获取持续盈利能力。也就是说，企业财务管理与企业核心竞争力管理具有同样的性质，最终目标具有内在一致性（郭晓明，2004）。因此，我们不妨借鉴企业核心竞争力理论来分析财务管理目标。

企业家的使命是提升企业核心竞争力，促进企业持续、快速、健康地发展，最终使企业"做大做强"，为相关利益集团和社会创造更多的财富（郭晓明，2004）。为此，学术界和实务界一直在努力探索企业经营管理之道。自哈默和普拉哈拉德（1990）提出"核心能力"的概念，"企业核心竞争力"就迅速成为学术界和实务界关注的焦点，相关理论也被广泛运用到企业经营、战略管理当中，成为优化企业资源配置的方向和有力武器（郭晓明，2004）。企业管理理论研究逐渐步入一个以核心竞争力研究为核心的新阶段。在此背景下，作为企业行为的核心组成部分，财务管理开始吸纳并应用"核心竞争力管理"这一理念，越来越多的学者和实务专家开始关注如何通过财务管理促进企业提升核心竞争力和可持续发展，这种趋势体现了学术界和实务界对企业财务管理目标更全面、深入的理解和探讨。

本书认为，研究企业财务管理目标，首先应明确在一定的理财环境下企业财务管理要完成哪些任务、需要做好哪些工作，这些问题搞清楚了，企业财务管理目标也就基本明确了。在知识经济条件下，企业财务管理依然是做好筹资、投资、营运和收益分配工作，但为了适应知识经济带来的挑战，企业财务管理工作不得不考虑创新问题。而企业的财务创新所体现出来的发展能力要以一定的盈利能力为基础，否则财务创新无从谈起。财务管理的关键是提高企业财务核心竞争力，为做好企业管理提供财务方面的支持。根据以上特点和要求，本书认为应该以财务核心竞争力最大化作为企业财务管理目标更为合理，主要有以下几个原因：

（1）财务核心竞争力最大化符合财务管理目标的基本特征

财务核心竞争力是企业核心竞争力的构成要素之一，它直接服务于企业目标。努力实现财务核心竞争力的最大化，能够使企业各项财务能力高效整合后作用于企业财务可控资源，直接为企业创造更大的价值，这反映了企业财务管理活动的核心特点。财务核心竞争力最大化符合作为企业财务管理目标应具有的导向性、前瞻性、系统性、时空性、相对稳定性等特征，其程度的高低也成为衡量知识经济环境下企业理财活动是否合理有效的基本标准。

（2）财务核心竞争力最大化综合了财务管理目标的各种观点

财务核心竞争力最大化符合作为财务管理目标应具有的客观性、前瞻性、可控性等特征。同时，它在一定程度上反映了企业经济效益的高低，把"利润最大化理论""净现值最大化理论""每股收益最大化理论""股东财富最大化理论"等观点囊括进来，这些观点反映的是企业过去已取得的成果，而财务核心竞争力可以衡量企业未来经营发展的潜力。在企业持续经营的财务管理假设前提之下，企业财务管理必须面向未来，以规避盲目追求短期利益的行为。培育和提高企业财务核心竞争力能够从根本上提高企业的质量与活力，并且可以避免企业为追求高盈利能力指标或高成长能力指标而采取投机取巧的行为，促使其不断学习、创新，进而成为学习型组织（郭晓明，2004）。

（3）财务核心竞争力最大化体现了可持续发展的根本要求

有无财务核心竞争力是判断企业是否具备可持续竞争优势的重要依据，财务核心竞争力能直接为企业带来可持续竞争优势。企业要坚持走可持续发展之路，必须使企业的各种可控资源和外部复杂的环境相互协调，它是可持续发展理论的重要组成部分与延伸。财务核心竞争力是企业各项财务能力高效整合后作用于企业财务可控资源的，它可以直接为企业创造价值。财务核心竞争力的强弱也是判断企业是否具备可持续竞争优势、是否能可持续发展的重要依据。企业财务核心竞争力的挖掘和培育要符合当时的客观实际，还要与企业长远发展的战略目标相适应，使企业可以有效地协调财务、资源和环境之间的关系，从而达到企业资源的最优配置，避免急功近利或"捡了芝麻丢了西瓜"的现象发生。

（4）财务核心竞争力蕴涵了在知识经济环境下对财务创新能力的要求

随着知识经济时代的到来，形成并发展于工业经济时代的企业财务管理理论在许多方面显示出较大的不适应性，因此必须考虑创新与发展的问题。财务创新能力很大程度上决定了企业长期发展的潜力，也在一定程度上影响着企业价值。投资者尤其是实行长期投资策略的战略投资者和机构投资者，可以根据企业创新能力的评价结果，从财务创新能力中深度挖掘企业的潜在价值，从而帮助企业提高可持续竞争力。托马斯·彼得斯曾经说："要么创新，要么死亡。"企业只有不断挖掘创新元素，提升财务创新能力，才能从根本上培育企业财务核心竞争力和企业核心竞争优势，并且有效抑制企业为追求高盈利能力指标或高成长能力指标而采取短期的、投机取巧的行为，促使企业沉下心来不断探索、创新，进而成为学习型组织。

企业财务核心竞争力是借鉴企业核心竞争力理论的基本框架，在企业财务管理理论领域的一个创新，它为人们认识和发展财务管理理论体系提供了新的视角和思路（郭晓明，2004；房厚安，2013）。企业财务核心竞争力在企业管理实践中是客观存在的，但其理论发展滞后于实践，至今尚未形成一个系统、规范的理论体系（郭晓明，2004）。在经济蓬勃发展的今天，如何科学地识别、评价、培育和提升企业财务核心竞争力，成为摆在人们面前的一项重要课题。

3 企业核心竞争力与企业财务核心竞争力的关系

企业核心竞争力是经济学界和管理学界关注的焦点和难点问题，也是实务界尤为关注的战略问题。作为企业管理的核心组成部分，财务领域的核心竞争力是企业核心竞争力的关键所在，企业核心竞争力的培育离不开企业财务状况的改善和财务核心竞争力的提升，两者之间联系紧密。事实上，财务核心竞争力研究也是财务学者借鉴企业核心竞争力的相关理论，并嵌入经济学理论、战略管理学理论的一种财务创新研究，因此，开展财务核心竞争力研究有必要探讨企业核心竞争力与财务核心竞争力的关系。

3.1 企业核心竞争力的内涵、特征及构成要素

3.1.1 企业核心竞争力的内涵界定

1990 年，美国著名学者哈默和普拉哈拉德首次提出"企业核心竞争力"的概念。他们认为，企业核心竞争力是企业产品、独特技术、营销手段等领域的创新能力的有机组合，是相对于竞争对手具有明显优势的综合性市场竞争能力。"企业核心竞争力"概念被提出之后，经济学界和管理学界围绕企业核心竞争力掀起了一个研究高潮，企业核心竞争力的挖掘和培育也引起了企业家的高度重视（吴寒芬 等，2006）。众多的国内外学者从不同的角度、不同的层面对企业核心竞争力展开了研究，从而形成了不同的理论观点。比如，国内学者张维迎（2002）认为，企业核心竞争力是"偷不去，买不来，拆不开，带不走，溜不掉"的综合竞争能力。其中，

"偷不去"意味着其他企业很难模仿，如独特的知识产权、品牌、企业文化、声誉等。"买不来"是指，企业核心竞争力不能简单地从市场上采购，如核心技术。但是由于人很可能被猎头公司挖走，所以单个人不能算作企业的核心竞争力，这一点与我们通常认识有所不同，但是整个团队可以算作企业的核心竞争力组成部分。"拆不开"是指，企业核心竞争力是多种能力有机融合的结果，如果分开就难以更好地形成竞争优势。"带不走"是指，企业核心竞争力不会因为某个人的离开而失去，团队某个成员甚至某项技术可以因为某个成员的离开而失去，但是企业核心竞争力不会。"溜不掉"意味着企业核心竞争力是一个长期、可持续的竞争力。

归纳起来，目前关于企业核心竞争力的观点主要有整合观、知识观、组合观、资源观、创新观等，具体阐释如下：

（1）基于整合观的企业核心竞争力

整合观的代表人物是普拉哈拉德和哈默（1990），他们认为，企业核心竞争力是一个组织中的积累性学识，特别是关于协调不同的生产技能和有机结合多种技术派的学识。形象地说，一家企业好比一棵大树，核心产品是树干，各业务模块就像树叶、树枝，花和果实则是顾客所需要的最终产品，而提供养分、维系生命、稳固树身的根便是企业核心竞争力（刘兆君，2003）。核心竞争力实际上是隐藏在产品、独特技术、营销手段等核心产品中的竞争优势的集合，它是企业可持续发展的资源基础和获得竞争优势的源泉。吴敬琏（1999）、白彤（2012）认为，企业核心竞争力是企业技能技术、资产、组织机制等资源，通过企业的组织融合形成的整体竞争优势，而非某个方面单独体现出来的能力。魏大鹏（2000）和黄继刚（2004）认为，技术和管理能力是影响企业核心竞争力的关键因素，企业通过整合技术和管理两方面的资源可以形成难以被竞争对手模仿的核心竞争优势，而且这种优势不是一个静态的能力，而是动态的竞争优势。白津夫（2002）将企业核心竞争力看成是，企业通过资源的有效整合而形成的特有的能为企业带来持续竞争优势的综合能力。

（2）基于知识观的企业核心竞争力

持有知识观的学者认为，企业核心竞争力是企业通过对知识进行创造、存储以及应用形成的独特竞争优势。知识观的代表人物是莱昂纳德·巴顿（Leonard Barton），他根据知识能否为外部获得或模仿来评判企业核心竞争力的强弱。同时，他指出，企业核心竞争力是企业特有的、不容易被模仿的、不宜交易的、能为企业带来持续竞争优势的知识资源（王莉，2006；蒋有凌，2009；谢越群，2010）。因此，加强学习是企业培育核心竞争力的有效路径。Kogut 和 Zander（1992）、Spender（1996）认为，企业是"知识的独特集合体"，企业核心竞争力是蕴藏在企业或组织层次的社会知识或集体知识资源的集合，一个企业知识资源的获取和储备是其获取长期可持续竞争优势的关键（罗正清，2010）。Grant（1996）认为，企业通过整合应用知识资源来创造价值，而非创造知识；而 Nonaka 等（1995）却认为，企业正是通过对知识的转化和创造才形成持续的创新能力。国内学者陈佳贵（2002）认为，企业核心竞争力是企业生存发展过程中的知识和能力的积累，这些积累能够创造出超越竞争对手的技术、产品、服务等，为企业获取持续竞争优势。王秉安（2003）认为，企业核心竞争力是企业核心技术、产品及能力的综合体现。

（3）基于组合观的企业核心竞争力

康特（Many K. Coulter）在其《战略管理行为》一书中对"核心竞争力"做了阐释，他认为，企业核心竞争力就是企业价值创造过程中技术和能力的组合，他着重于强调企业技术和能力对企业竞争优势的影响。类似地，鲍哥纳（William C. Bogner）和索马斯（Howard Thomas）在《核心竞争力与竞争优势》一文中提出，核心竞争力体现为企业特有的技术和知识能力，这些知识和技术能够助力企业更有效地满足客户的需求，并在市场竞争中取得优势。林志扬（2003）认为，企业核心竞争力是企业拥有的能够服务多种产品生产线的核心技术和能力的组合，以及企业能够把这些技术应用到各条生产线的能力。

（4）基于资源观的企业核心竞争力

基于资源观的企业核心竞争力研究者认为，企业核心竞争力是一种企业以特有方式运用和配置的资源，这些资源包括有形资源、无形资源以及日积月累获取的知识。李悠诚等（2000）认为，企业核心竞争力是企业通过整合企业内技术、技能和知识等无形资产获得的特殊资源。黄津孚（2001）认为，企业核心竞争力就是影响企业生存发展的核心资源和能力。

（5）基于创新观的企业核心竞争力

陈清泰（1999）指出，企业核心竞争力集中体现为企业在激烈竞争的环境下不断创新产品、服务、营销手段的能力。杜云月和蔡香梅（2002）甚至直接将企业核心竞争力几乎等同于企业技术创新能力。

综上所述，不同学者对企业核心竞争力的看法各有不同。从上述研究中我们可以看出，企业核心竞争力理论是一个内涵丰富、系统科学的理论体系，不同角度的研究思想相互渗透、相互印证，为我们理解企业核心竞争力的概念、影响因素及价值传导机制等提供了有益的帮助。据此，本书将企业核心竞争力界定为企业通过知识、技术、文化等资源的有效整合，形成的能为企业现在、未来带来持续性竞争优势的核心能力。笔者认为，要正确认识企业核心竞争力必须把握以下几点：

（1）重视资源与能力的转换

在企业核心竞争力的培育过程中，资源的重要性不容忽视，它们构成了核心竞争力的基础条件。当然并非一切资源都能构成企业核心竞争力，关键是看这些资源能否转化为竞争优势、资源是否稀缺（稀缺资源更能满足客户的独特需求，从而可能成为企业核心竞争力的来源）、资源的不易模仿性和不可替代性以及资源的价值保持能力等。需要指出的是，企业想具备核心竞争力仅凭资源优势是不够的，还需要具备把资源优势转化成持续竞争优势的能力。可见，构建企业核心竞争力应该重视资源与能力的有机融合，两者缺一不可。

（2）注重独特性与持久性的结合

在企业核心竞争力的培育过程中，资源的独特性与持久性是至关重要的。大多数学者在界定核心竞争力时，都强调资源的独特性，因为这是企业区别于市场上其他竞争对手的关键所在。当然，单凭资源的独特性并不足以保障企业获得长期的竞争优势。独特性虽然是必要条件，但不是充分条件。因此，我们必须将企业资源的独特性与持久性结合起来，才能确保这种独特性能够转化为持久的竞争优势，为企业的长远发展提供支撑。

（3）强调资源的有效整合

企业的基础资源如果没有经过合理组织与协调，就难以真正发挥优势，更难以持续保持。竞争优势的基础是更优越的资源和组织能力。其中，资源是指其他公司轻易不能获得的公司专用性资产；组织能力是指公司比竞争对手做得更出色的一系列活动（贝赞可 等，1999；白津夫，2002；白津夫，2003）。资源的有效整合既强调核心竞争力是一系列复杂技能的集合，也强调核心竞争力是建立在职能互动的基础上的（坎贝尔等，1999；白津夫，2002；白津夫，2003）。在形成核心竞争力的过程中，组织结构的影响显得至关重要，特别是在维持竞争优势的持续性和防御力方面。相较于简洁的组织架构和基础元素，更加复杂和多元的组织结构与要素会使核心竞争力的模仿变得更加困难。

3.1.2 企业核心竞争力的典型特征

核心竞争力是企业持续发展的动力源泉，核心竞争力与其他类型的竞争力之所以不同，是因为它具备如下几个特征：

从内部特征分析，企业核心竞争力是组织中的积累性学识，特别是关于如何协调不同的生产技能和有机结合多种技术流派的学识（Prahalad et al., 1990；赵海燕 等，2008），它不仅仅是企业某项技术或技能，而是人力资源、财物力资源、信息资源、技术资源、管理资源、可控市场资源、内部环境资源等各种资源的有机整合。比如，某种产品设计、某项专利、某项核心技术、某种实质性资产、某个领导、某条生产线等，尽管它们各自具有一定的价值，但它们单独存在时并不构成核心竞争力，而关键在于企业如何将这些要素资源整合，以形成企业特有的核心竞争优势。

从外部特征来看，核心竞争力作为企业的特殊能力，具有以下几个特征：

（1）价值性

价值性是企业核心竞争力最基本的特征，识别一种竞争力是否是核心竞争力，首先要判断其是否具有价值性，能否为消费者提供更大的好处（胡志勇，2013）。企业核心竞争力的价值性主要体现在以下三个方面：一是有助于企业降本增效，能使企业在创造价值和降低成本方面比其他竞争对手更有优势，获得超过同行业平均利润水平的超值利润；二是有助于企业提高产品质量和服务效率等，从而更好地满足消费者的需求，提升消费者满意度，进而帮助企业拓展市场和提高市场占有率，实现企业价值最大化；三是能为客户提供比其他竞争对手更多的产品使用价值和附加值，即为消费者提供更多的消费者价值保障、价值增值。换句话说，企业核心竞争力能让消费者真正受益。唯有如此，消费者才会乐于购买企业产品，随之让企业在市场竞争中获得长期竞争优势。

（2）整合性

整合性强调企业核心竞争力是技能、技术、知识、人力资源、组织管理、企业文化等要素资源的有机整合。任何单项技能、技术、专长、资源或能力要素等即便再强大都不足以形成企业的核心竞争力，企业核心竞争力必须通过多种要素资源和能力的相互融合才能形成，即通过协同整合企业内部的资源结构形成整体效应，而且企业核心竞争力与企业内外部环境密不可分。此外，核心竞争力也有别于品牌、专利等无形资产，也不局限于个别产品（李宪友，2006），它不仅涉及技术层面，还与企业组织结构、管理方式、企业文化等因素紧密相关。

（3）独特性

独特性是指，一个企业拥有的核心竞争力应是独一无二的，是难以被其他企业"复制""模仿""剽窃"的竞争优势。它是企业在生存和发展中逐渐培育、积淀而内生的，融合于企业内质，企业不同，它的形成途径不同，它记录着企业的特殊组成、特殊经历，难以被其他企业模仿和替代，他蕴涵于企业文化、管理模式、管理理念当中，为该企业每位员工所共同拥有。如果把企业比作一个人的话，那么企业核心竞争力就是这个人所特有的个性和能力（吴礼民，2002）。企业核心竞争力能够帮助企业赢得顾客和市场，并在企业与竞争对手的较量中帮助企业获取特殊的优势。如果一项竞争力容易被其他企业模仿或替代，那么它就不足以成为真正的核心竞争力，也无法为企业带来持续和显著的竞争优势。

（4）延展性

延展性是指，企业核心竞争力不仅仅局限于服务某个工艺、产品、服务，它还能溢出到其他相关工艺、产品、服务当中，衍生出一系列新的产品和服务，它可以通过"核心竞争力—核心技术—核心产品—最终产品"的延展过程，支持企业向更具生命力的新领域、新产品、新工艺延伸（刘炳南，2003；陈献勇，2010）。企业核心竞争力可以打开多种产品的潜在市场，使其拓展和渗透到新的行业领域（辛广茜 等，2006）。

（5）动态性

动态性是指，企业核心竞争力是在企业生存发展过程中逐渐积累和沉淀形成的，是一个动态的管理过程，与企业内外部环境密不可分。随着企业内外部环境的不断变化和技术的演进，今天的核心竞争力到明天可能会变成一般竞争力，只有密切关注内外部环境变化，适时维护和调整企业核心竞争力，才能给企业带来持续的竞争优势，否则企业核心竞争力会逐渐退化和丧失。

3.1.3　企业核心竞争力的构成要素

关于企业核心竞争力的构成要素，不同行业、不同企业、不同国家和地区、不同学者的看法各有不同。比如，李志刚等（2003）认为，企业核心竞争力主要包括人才竞争力、制度竞争力、文化竞争力、信誉竞争力、学习竞争力五个板块。唐星球（2005）认为，物流企业的核心竞争力在于成本、质量和客户服务。辛广茜和吴美香（2006）却认为，物流企业的核心竞争力的构成要素包括整合能力、快速反应和灵活多变的能力、组织协调能力、企业信息化水平、物流人才。王磊（2007）提出，农产品电子商务企业的核心竞争力应由供应链、营销、产品、分销渠道、创新能力五种核心要素组成。赵海燕（2008）指出，施工企业的核心竞争力主要由企业核心技术能力、领导力、执行力和创新力组成。杨显奇（2011）认为，高新技术企业的核心竞争力包括四个构成要素，即知识产权管理、科研人员的引进和培养、科技成果转化能力和组织管理水平。宋永娟（2015）认为，物流企业的核心竞争力主要体现在服务能力（包括服务差异性和业主满意度）、管理能力（包括绩效管理能力和风险管理能力）、创新能力（包括服务创新、制度创新、技术创新）、资源整合能力（包括客户资源整合和能力资源整合）四个方面。于洋（2019）认为，构成人力资源服务企业核心竞争力的关键要素是理论知识及专业能力、多元化的产品及服务、智能化和数字化技术手段。

综上所述，关于企业核心竞争力的构成要素，众说纷纭。在归纳梳理前人研究的基础上，本书认为企业核心竞争力就是企业具有的核心优势，只要明白核心优势体现在哪里，就能知道企业核心竞争力究竟由哪些要素构成，具体包括以下几种：

（1）人力资源

在企业核心竞争力的培育过程中，人力资源是最重要的资源，也是首要资源、核心资源和战略性资源。归根到底，只有人力资源才能对企业的专业知识、技术技能、企业文化等进行协同整合。员工个人的专业知识、技术技能以及其他综合素养，企业员工团队整体的学历结构、知识结构、年龄结构、技术结构等都是影响企业核心竞争力培育的基础条件和能动性载体。员工的知识、技能水平的高低直接影响企业核心竞争力的水平高低。离开人力资源，企业核心竞争力犹如"无源之水""无本之木"（胡建波 等，2006）。

根据巴尼（1991）对"竞争优势"的界定，当一家企业具有一项没有被任何现存或潜在的竞争对手采纳的价值创造措施时，那么该企业将获得

"竞争优势"，如果此价值创造措施具有价值性、异质性、不易模仿等特征时，那么该企业将逐步获得"持续性竞争优势"。结合企业的各种资源，我们认为人力资源符合上述特征：首先，不同员工的专业知识结构、综合素养等各有不同，对于不同企业的员工而言，其差异性更大。因此，企业人力资源具有异质性、独特性和不易被模仿等特征。其次，人力资源具有价值创造性。员工通过劳动制造产品、创造价值，其个人对企业的价值也在于此。最后，企业员工团队的专业知识、技术技能以及其他综合素质直接影响企业核心竞争力的培育。企业研发团队的素质、能力和团队文化直接影响企业的技术研发、产品和服务创新、科技成果转化能力、管理能力、资源整合能力，企业基层员工团队直接影响企业产品制造的质量、效率和成本节约。换句话说，人力资源团队的情况是企业核心竞争力培育的关键，人力资源开发与财务管理、研发管理等活动共同支撑着企业价值链的主链。

（2）技术创新

技术创新是企业通过开发新技术和新工艺、设计新产品和新服务、创新业务流程等占据市场并实现市场价值，它是企业获取竞争优势的重要来源，是企业可持续发展的重要保障。胡建波等人（2006）指出，技术创新是企业将知识转为成本领先优势的关键路径，是企业核心竞争力形成的技术性要素。可以说，技术创新能力是企业核心竞争力的重要核心基础，是企业核心竞争力培育的必要条件，但不是充分条件，唯有持续不断的创新才能真正培育企业的核心竞争力。

改革开放 40 多年来，以市场化和产权重塑为基本特征的转型改革，造就了我国举世瞩目的"经济增长奇迹"。然而，过去我国的经济增长较为依赖于高投入、高消耗和高排放的粗放型增长方式，自主创新和技术进步的不足制约了资源的集约高效利用和经济的可持续增长（张杰 等，2011；吴延兵 等，2011；尹志锋 等，2013；鲁桐 等，2014）。随着我国劳动力成本增加、资源环境压力加大以及外需的进一步萎缩，这种低端经济结构的负外部性日益凸显。所以，如何加快企业创新的进程，推进经济发展模式从要素驱动型向创新驱动型、从中国制造向中国创造转变刻不容缓。我国企业只有不断加大创新投入并创新技术变革机制，才能在技术能力上领先，培育出更强的核心竞争力。不断地技术创新有助于企业吸收最先进的知识、经验、科技成果并进行适当改进，企业通过成果转化将其用于产品生产和服务，可以帮助企业降本增效，提高顾客满意度和消费者品牌忠诚度，创造企业核心竞争优势。

（3）数字管理系统

当前，随着大数据、人工智能、互联网、区块链等新一代信息化、数字化技术的普及和应用，人类社会已经迎来了继农业经济、工业经济之后的数字经济时代。数字化已经深入经济社会的各个领域，涉及人类生活工作的方方面面。数字化管理大幅度降低了企业的运营成本，其价值体现在成本压缩、高可靠性和高扩展性、运维自动化、提高效率、扩大市场等方面。然而，在数字经济时代，大数据如何取、如何存以及怎么用依然是现阶段面临的关键难题，如何开展一系列丰富的大数据管理理论研究，对大数据管理实践进行指导，提升企业运用大数据技术搜集信息、挖掘问题、评价判断的能力，推进以大数据运用为核心的新型企业管理新模式迫在眉睫。由此可见，数字化管理能力直接影响企业核心竞争力的培育。

与此同时，数字管理水平的提升也成为企业持续创新的助力。人无我有，人有我优，人优我精，人精我特，唯有不断创新才能保持或扩大自身的优势。传统的市场竞争模式是"大鱼吃小鱼"，现代竞争模式是"快鱼吃慢鱼"（吴小红，2005）。在当前的经济社会环境中，技术创新是快速提升企业核心竞争力的关键所在。然而，这些都离不开数据技术的支持，采用新一代数字技术能够及时、完整、准确地挖掘、储存和分析技术创新所需要的最新的知识、市场、产品、技术等方面的信息，从而提升企业的技术创新能力。由此可见，大数据、人工智能、区块链、数据挖掘技术等新兴技术的应用，使企业数字管理系统演变为助力企业持续创新并获取竞争优势的原动力，成为企业核心竞争力形成和巩固的必要要素。

（4）管理能力

这里的管理能力是指，企业管理层通过实施计划、组织、领导、协调、控制等职能来协调企业员工活动、控制企业生产经营各环节以及配置企业知识、技术、信息系统、人力、设备等资源，为企业创造价值的能力。高质量的企业管理能发挥企业系统优势、优化配置企业资源、创新企业管理制度、革新企业管理模式，有助于企业形成特有的管理文化和理念，最终形成企业核心竞争力（吴礼民，2022）。

企业拥有的要素能力不是简单地罗列，而需要相互协调、相互组合，才能使要素能力产生合力，效用倍增（张新民 等，2006；王秀丽，2007）。

按照功能属性的不同，管理能力又可以进一步划分为整合能力、快速反应和灵活多变的能力、组织协调能力、风险管理能力四种。

①整合能力就是企业对客户、能力、信息、人力等资源进行识别与选择、汲取与配置、激活与融合，使其具有较强的条理性、系统性、价值性与创造企业价值的能力（宋永娟，2015）。企业核心竞争力的培育过程实质上就是资源有机整合的过程，实现人才、思维与管理等要素的集成，消除多余、落后的程序和职能，可以产生"1+1>2"的协同效应。

②快速反应和灵活多变的能力则强调企业在处理临时性突发性问题上的应急反应能力，它是企业面对市场动态变化、环境波动冲击、适应市场要求、快速向市场提供具有独特竞争优势的产品和技术服务等的能力（张骥，2008）。在企业经营实践中，环境的不确定性和人们认知的局限性极大地限制了企业对实时信息的获取和理解。因此，企业要想持续获取竞争优势，就必须准确看清市场、技术、需求等方面的变化及其发展趋势，并根据上述变化调整产品和服务，这种快速反应和灵活应变的能力是企业在复杂环境中获取持续竞争优势的关键，也是企业综合实力的主要体现。

③组织协调能力涉及企业的组织架构、权利分配、信息传递、企业文化和激励机制等多重因素，它通过管理过程的制度化、程式化，将企业的技术经验、知识积累、组织文化、人力资本、先进管理模式等融入企业核心竞争力当中（辛广茜 等，2006；徐建中 等，2011）。企业组织协调能力的强弱将直接影响企业技术优势转为企业价值创造的效率高低。

④风险管理能力是指，企业根据环境变化，识别、诊断、度量、分析、处理企业所面临的风险，把风险可能造成的不良影响减至最低的能力。健全风险管理机制能够帮助企业尽可能地降低经营决策的错误概率，避免产生损失的可能，提高企业价值创造能力。在现实世界中，企业面临的内外部环境瞬息万变，这就要求企业在生产经营过程中，对可能发生的风险进行及时准确的识别、分析，预测这些风险对企业财务、安全、生产、设备、物流、技术等可能造成的负面冲击，并通过风险防范和处理及时化解风险。

（5）企业文化

作为一种抽象的意识形态，在很多情况下，企业文化的价值难以用传统的方式来衡量。尽管如此，在现代化的企业制度中，企业文化的地位是被普遍认可和尊重的。这是因为，企业文化尤其是企业的精神文化，不但决定了核心竞争力的立足点和价值取向，还保障了核心竞争力的持续性和连贯性。作为一种无形资产，企业文化是企业在长期经营活动中逐渐孵化和形成的经营方针、经营理念、经营目的、经营行为、社会责任、价值观念、经营形象等的总和（宋帆，2015），是一个组织由其价值观、信念、仪式、符号、处事方式等组成的其特有的文化形象。简单而言，企业文化渗透于企业的每一个层面，是企业在日常运行中所表现出的各个方面，从决策制定到日常运营，都体现了企业文化的核心价值和精神。

企业文化的影响深远，是企业生存、竞争和发展的灵魂，是推动企业发展的不竭动力，也是培育和维持其核心竞争力的关键要素。它通过树立共同的价值观，促使员工在培育和增强核心竞争力方面达成高度的一致性和协同性。这种文化上的协同不仅增强了核心竞争力的独特性和不可模仿性，还为企业持续的创新和成长提供了动力。因此，企业文化是推动企业核心竞争力不断创新的关键动力要素，同时也是实现客户价值和企业价值的关键驱动因素。

由上述分析可知，企业核心竞争力各要素模块之间是相互依存、相互强化的关系。人才、技术、资产、信息优势等资源要素是企业生存发展、培育和提升企业核心竞争力的关键要素，否则企业核心竞争力将成为"无源之水、无米之炊"。而企业文化则通过促成企业内部价值观、信念行为模式的统一，使全体员工都凝聚在企业中长期战略目标之下，为企业培育和保持独有的、持续的市场竞争优势提供了内在动力（盛立强 等，2004；石炳华，2007）。同时，企业文化又在企业核心竞争力培育过程中得到不断加强。可见，企业核心竞争力的构成要素之间是有机融合的，如同组成木桶的每一块木板一样，只有每块木板之间的紧密度达到一定的程度，木桶才能发挥其装水的功能（林丽金，2011）。如果企业核心竞争力中的某一个要素出现了问题，那么其他要素就会自动丧失效用，导致整个核心竞争力的构建成为空中楼阁。

3.2　企业核心竞争力与企业财务核心竞争力的联系

企业核心竞争力是在日常经营活动中长期形成的，深植于企业组织内部，它是一种有价值的、稀缺的、竞争对手难以模仿的，并且能够给企业的过去、现在和未来带来长期竞争优势的核心性能力。这种能力使企业可以高效率地配置企业内的各种资源、要素，从而使企业在日益复杂化、动态化、全球化的经营环境中获得比其他竞争对手更高的市场份额和利润回报。而财务核心竞争力是企业核心竞争力的重要组成部分，财务核心竞争力对于企业核心竞争力的形成、培育与提升有着非常重要的意义。企业通过提高财务核心竞争力进而提升企业核心竞争力，来获得持续竞争的源泉，是一个从点到面、从局部到整体的过程。因此，两者之间必然存在着密切的联系。具体地，企业核心竞争力与财务核心竞争力存在以下联系：

（1）两者目标一致

企业财务核心竞争力提升的目标源于企业战略目标，它以资金运动及其运动过程中形成的财务关系为对象，通过优化整合各项财务能力和财务行为，努力为企业创造独特的竞争优势和持久的盈利能力，实现企业价值最大化，这与企业核心竞争力的终极目标一致。

当然，财务核心竞争力实质上是企业核心竞争力在财务上的一种体现，在企业生存发展的过程中，企业迅速成长的因素可能各有不同，但企业倒闭破产的最终体现始终是财务危机。企业的任何一项经营行为都是为价值增加和价值实现服务的，换句话说，财务核心竞争力是企业核心竞争力最重要的一个方面（刘祥亮，2012）。

（2）两者的评价方法类似

通过现有文献的梳理，我们发现，学者们构建的企业核心竞争力评价指标体系中大多数指标还是财务指标，即采用财务指标来衡量企业核心竞争力的各个方面，如采用资产周转率来刻画企业流程管理能力（它是企业核心竞争力的重要方面）。

除了评价指标具有一定重合以外，学者们在构建企业核心竞争力和企业财务核心竞争力指标之后，都选用了类似的方法确定各项指标的权重，或采用类似的原理构建评价指标体系。如都采用层次分析法（AHP）、熵值法、主成分因子分析法等方法估算各项指标的权重；或者都先采用逻辑框架法、平衡计分卡方法、波特价值链原理等方法构建评价指标体系，然后采用类似方法估算企业核心竞争力和企业财务核心竞争力各项指标的权重。

（3）两者特征相似

如前所述，企业核心竞争力具有价值性、整合性、独特性、延展性、动态性等特征，而企业财务核心竞争力亦是如此（王艳辉 等，2005）。其中，"价值性"体现在财务核心竞争力能为企业节省财务成本、提升资源配置效应，最终实现价值创造；"独特性"是指，企业财务核心竞争力是企业独有的，难以被模仿的，是企业在长期财务实践中积累和培育起来的，不同企业的财务实践、财务资源禀赋、财务人员素养和管理水平各有不同，因此不同企业的财务核心竞争力存在较大差异；"整合性"强调企业财务核心竞争力蕴藏于企业筹资、投资、资本运用、利润分配等方方面面，是企业一系列财务活动和各项财务资源有机融合的结果，不是原来几项能力的简单相加，而是会产生"1+1>2"的协同效应；"动态性"是指，企业财务核心竞争力会随着内外部环境的变化而变化，是一个动态的能力培育过程。

（4）两者的培育方式类同

企业核心竞争力的培育主要通过内部开发和外部获取来获得。其中，"内部开发"是指企业的核心竞争力是在长期生存发展中沉淀而成的，而"外部获取"则是指企业的核心竞争力是通过并购、战略联盟等方式从外部获取的。与此类似，财务核心竞争力亦是如此，它是企业核心竞争力的重要组成部分，我们可以通过培育企业核心竞争力的做法，如创新企业财务管理模式、狠抓企业财务团队培养、找准企业财务战略定位、塑造企业财务文化、革新企业财务管理制度等"内部开发"方式提升企业财务核心竞争力，也可以通过并购、战略联盟等"外部获取"方式培育企业财务核心竞争力。

（5）两者存在相互映射、相互反映的关系

企业财务核心竞争力属于企业核心竞争力的重要组成部分和"中间层"（程燕，2007；刘祥亮，2010），即财务竞争基础（条件）、财务竞争表现、财务竞争机制等，以及它们的有机融合所形成的财务核心竞争力是企业核心竞争力的有力保障。企业通过培育财务核心竞争力来获得竞争优势，有助于避免企业为了追求短期高回报、高利润、高成长所采取的短期行为，能够从根本上全面提升企业质量和活力，它通过促进企业不断学习、创新，也在无形中促进了企业核心竞争力的培育。因此，企业核心竞争力的全面提升也在一定程度上促进了企业财务核心竞争力的提升。反之，企业核心竞争力提升的最终目标就是为企业创造利润、创造价值和实现持续性盈利，即企业核心竞争力最终都要通过财务指标（定性和定量）

体现出来，通过对定性财务指标和定量财务指标的考察和分析，能够深入了解企业核心竞争力情况及其所带来的经济后果。如图 3.1 所示，企业核心竞争力与企业财务核心竞争力存在相互映射、相互反映的关系。

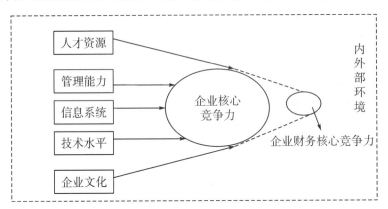

图 3.1　企业核心竞争力与企业财务核心竞争力相互映射、相互反映的关系

总而言之，作为企业核心竞争力的重要组成部分，企业财务核心竞争力是企业核心竞争力作用于企业并在各项财务能力中的体现，它是判断企业是否具有持续竞争优势的重要依据。企业财务核心竞争力评价的各个层面指标也提供了反馈企业核心竞争力的参考依据。在激烈的市场竞争中，企业的成功因素可能各有不同，但企业倒闭破产的最终体现始终是财务危机，而财务危机正是企业核心竞争力不强的最终形式，所以，企业财务核心竞争力是体现企业核心竞争力的最重要的一个方面。

3.3　企业核心竞争力与企业财务核心竞争力的区别

虽然企业核心竞争力与企业财务核心竞争力两者之间存在上文所述的密切联系，但彼此之间也存在着区别，主要表现在以下几个方面：

（1）两者的概念体系不同

企业核心竞争力是企业通过人力、知识、技术、文化等资源整合形成的，且能给企业带来持续竞争优势的核心技术、知识、管理能力等；而企业财务核心竞争力则是以知识、创新为基本内核，在企业维护和管理财务关系的过程中逐渐积累和沉淀形成的、企业特有的、能给企业带来持续竞争优势的财务管理综合能力，它是企业各项财务能力整合后作用于企业可控财务资源的一种竞争力（程燕，2008；段兰，2012）。例如，邯郸钢铁集团"模拟市场核算，实行成本否决"的目标成本管理能力、潍坊亚星集团的购销比价管理能力等，都是企业财务核心竞争力的重要体现（李明荣，2007）。

（2）两者的特征表现不同

企业核心竞争力是企业财务管理、人力资源管理、技术管理、知识管理、企业文化管理、产品管理等各个模块管理有机融合的能力集合体，这个能力集合体在不同的企业里具有不同的核心优势。在能力体系中，各种能力互相有机联系，形成强大的核心向量，有力地支撑着企业的运作。而且企业核心竞争力是难以被直接观察到的，属于企业整个系统的管理能力，而不是局部管理能力，所以，难以用某几个指标来系统刻画企业核心竞争力的情况。但企业财务核心竞争力则不同，它是企业核心竞争力在财务板块的体现，相比于企业核心竞争力而言是"局部"和"总体"的关系，而且与企业核心竞争力有所不同。由于国家和社会公众要求企业披露比较详细的财务信息，因此，我们一般可以通过考察企业财务信息来间接分析企业财务核心竞争力的情况。

（3）两者的内容体系不同

企业核心竞争力系统涉及企业财务管理子系统、人力资源管理子系统、技术管理子系统、知识管理子系统、企业文化管理子系统等方方面面，而企业财务核心竞争力系统仅仅是企业在财务管理子系统中体现出来的综合管理能力。显而易见，企业财务核心竞争力就是企业核心竞争力中的局部能力或财务范畴，企业核心竞争力是整体，而企业财务核心竞争力是个体，二者之间是整体与个体之间的关系，因此所包含的内容是不同的（程燕，2009；刘祥亮，2010）。

4 企业财务核心竞争力的构成要素及其关系辨析

企业财务核心竞争力作为一个动态管理的概念，对其的研究内容包括识别、评价、建构、培育、保护、提升等方面，其中识别、评价和建构尤为重要，是研究企业财务核心竞争力的基石。只有明确了企业应培育怎样的财务核心竞争力，识别企业可能具有的潜在竞争优势，培育、保护和提升企业财务核心竞争力才有可能，否则一切无从谈起。因此，只有了解企业财务核心竞争力的形成过程及构成要素，企业财务核心竞争力的识别才有迹可循。

4.1 企业财务核心竞争力构成要素的内涵界定

由于企业财务核心竞争力是难以触知的，其构成要素是一个复杂的集合，它的形成过程是对企业财务核心竞争力本质的体现，所以要真正做到理性地探究企业财务核心竞争力，就必须注意到企业财务核心竞争力要素的复杂构造及各构成要素之间的相互关系。

本书根据日内瓦的世界经济论坛（World Economy Forum，WEF）和瑞士洛桑国际管理开发学院（International Institute for Management Development，IMD）的竞争力方程式，结合当前我国企业财务管理工作的实际，在借鉴企业核心竞争力构成要素形成机理的基础上，从因果关系的哲学原理出发，认为企业财务核心竞争力是在隐性构成要素的作用下，充分实现显性构成要素最优化的整合性能力。企业财务核心竞争力的构成要素主要包括以下几个方面：

（1）显性构成要素：财务竞争基础和财务竞争表现

财务竞争基础亦称财务竞争的条件，是指任何企业尤其是上市公司，要具有财务管理方面的核心竞争优势就必须有优质的资产、先进的信息处理技术、高素质的人才等作为支撑。一旦企业缺失了这些有价值且稀缺又难模仿的财务资源作为竞争基础，财务管理工作就无法开展，财务核心竞争优势更无从谈起。所以，企业的这些竞争条件，好比企业步入资本市场的"门槛"，它的存在及积累、发展、竞争的后劲对企业维持自身的财务管理工作的竞争优势具有深远的影响。

本书所涉及的财务竞争表现是指，企业能力和企业核心能力以及各种竞争优势在财务会计报告中所体现出来的各种能力。财务竞争表现的优与劣反映企业核心竞争力和财务核心竞争力的强与弱。财务竞争表现是各种能力综合作用的结果，也是企业财务核心竞争力的权衡标准之一。在开放的金融市场环境下，企业财务竞争表现是其财务基本实力的反映，它是一个坚实的"平台"，可以支持企业向更有生命力的新领域延伸和扩展（杨蕊，2007）。财务竞争表现一般包含债务风险表现、资产质量表现、盈利潜力表现、经营增长表现以及弹性应变表现等。

（2）隐性构成要素：财务竞争机制

竞争机制（competitive mechanism）是商品经济的重要经济机制，它反映了竞争与供求关系、价格变动、资金和劳动力流动等市场活动之间的有机联系（周颖 等，2012）。将竞争机制引入企业财务管理实践中，是为了优化企业财权的配置、促进财务管理工作的创新、提高财务工作的效率，这样才有利于企业在激烈的市场竞争中，摸清对手、找准方向、赢得时机，达到优胜劣汰的效果。根据陈兴述（2003）对财务机制的界定，结合财务核心竞争力的本质与特点，本书认为，企业财务竞争机制是指，在公司财务远景与战略目标的引领下，构成财务核心竞争力的各种要素之间相互联系、相互作用的过程和耦合方式，及其与理财环境的衔接形式和协调反馈程度。财务竞争机制反映了企业财务管理潜在的能量与现实的结果之间的转换过程和转换效应，竞争机制越完善，企业财务管理赢得成功和可持续发展的希望就越大。

根据构成要素的功能不同，本书认为财务竞争机制主要有以下五种子机制：协调治理机制、学习创新机制、决策控制机制、风险预警机制和信息披露机制。财务竞争机制与财务核心竞争力的关系如图4.1所示。

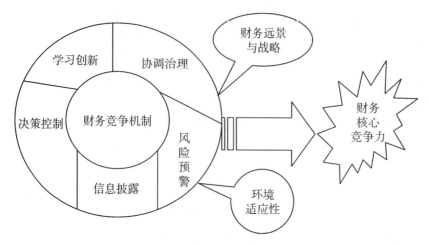

图 4.1　财务竞争机制与财务核心竞争力的关系

4.2　企业财务核心竞争力各个构成要素间的关系辨析

基于对上述构成要素的分析，本书主要从两个方面来考察企业财务核心竞争力：一是企业财务核心竞争力的现实存在，属于显性构成要素。它既反映企业财务管理在当前条件下所表现出来的生存能力，又代表着在报告期时间点上企业核心竞争力所实现的结果，是一种现实存在的概念，由时间剖面的一系列显示性指标集组成。二是这一现实存在的演化过程，属于隐性构成要素。它既体现企业财务核心竞争力的培育过程，又体现了企业财务管理是如何将现实的竞争基础转变为现实的竞争表现的，其中包含因果分析，可以解释企业为何具有财务核心竞争力，或者为何缺失财务核心竞争力。总之，企业财务核心竞争力的构成要素是纷繁复杂的，但各种构成要素之间不是割裂的，而是相互关联、相辅相成地交织耦合在一起，最终形成企业财务核心竞争力（陈洪转，2007）。

4.2.1　显性构成要素之间的相互关系

显性构成要素所反映的是当前竞争的基础或者竞争的最终表现，主要体现在以下两个方面：

一是财务工作的条件或者资源，包括优质资产、先进的信息处理技术、高素质的核心人才等，这些优质的财务资源要素构成了企业持续竞争优势的基础，是形成企业财务核心竞争力的载体，也是其他一切资源与能力的载体，容易被其他企业购买和复制，但又是必不可缺的条件（陈洪转，2007）。

二是财务管理工作最终体现出来的财务状况，包括企业的偿债能力、营运能力、盈利能力等。这些能力要素是各种资源要素在投入产出活动中综合作用并被广大的投资者认可的产物，其既有对资源的依赖性，又有自己的独特性和对资源的反作用力。这些能力的强或弱直接体现了财务核心竞争力状况的好坏。

由此可见，两者之间存在不可分割的紧密联系：一方面，良好的财务竞争表现依赖于企业内外部扎实的财务竞争基础条件；另一方面，财务竞争基础条件的积累离不开企业财务竞争表现，企业充分发挥财务核心竞争力，从而形成市场竞争优势并不断夯实财务竞争基础条件。在两者相互作用和相互协调的互动过程中，企业的财务核心竞争力得以形成。换句话说，后者是以前者为基础而形成与提升的。企业财务核心竞争力显性构成要素之间的相互关系如图4.2所示。

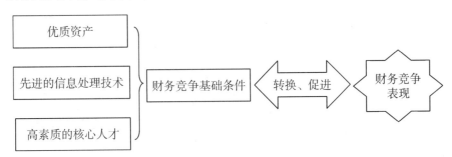

图4.2　企业财务核心竞争力显性构成要素之间的相互关系

4.2.2　隐性构成要素之间的相互关系

隐性构成要素反映的是企业财务核心竞争力背后的形成原因或决定因素，它由一个时间点内企业内部因素影响未来财务核心竞争力的隐性指标集组成，即基于对现实竞争力分析的基础上，重点分析构成企业财务核心竞争力的主要机制（包括协调治理机制、决策控制机制、学习创新机制、风险预警机制以及信息披露机制等），对企业财务核心竞争力起到一定的转化和支撑作用。总之，隐性的财务竞争机制对企业财务核心竞争力的研究和分析是侧重于多维度、多方位的分析和评价，是对绩效评估（单纯采用业绩评价指标）的又一升华。

协调治理机制贯穿于企业财务核心竞争力系统的始终，起着统筹全局的作用。学习创新机制是企业财务核心竞争力的本源与动力，可以说，无论哪家企业，缺少这一机制都很可能存在被激烈的竞争市场淘汰的风险。决策控制机制起到基础性作用，作为我国经济发展支柱的企业，尤其是上市公司，在财务管理的日常工作中必然涉及各种各样的财务决策以及相关的控制机制，比如筹资、投资、股利分配等财务决策以及事前控制、事中控制、事后控制等，这些决策与控制过程的优劣往往影响到企业未来发展的好坏。风险预警机制是对决策控制机制的补充，一旦决策控制机制失去方向，就会导致存在风险的危机，这时利用风险预警机制将有助于企业规避风险、减少风险，或者实施风险降临时的应急措施。信息披露机制是企业财务管理工作的总结：一方面，信息披露机制的健全、合理、准确与否关系到企业能否经受注册会计师独立审计的考验；另一方面，良好的业绩加上准确的信息披露能够增加企业的社会美誉度，吸引更多的投资者，发挥"羊群效应"的作用。企业财务核心竞争力隐性构成要素之间的相互关系如图4.3所示。

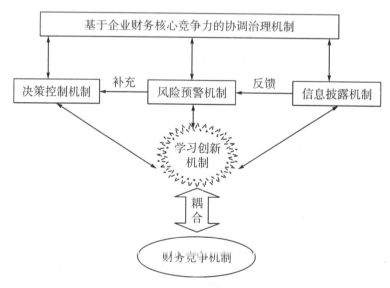

图4.3　企业财务核心竞争力隐性构成要素之间的相互关系

4.2.3 显性与隐性构成要素之间的相互关系

在前述基础上，本书认为，企业的财务核心竞争力是显性构成要素与隐性构成要素相互综合作用的产物。两者之间存在着相辅相成、密不可分的联系，其中隐性构成要素起到中间枢纽的作用，将显性构成要素从基础性的竞争优势转换为现实表现的各种能力状态，为各利益相关者提供决策依据。

众所周知，企业的财务管理是组织财务活动、处理财务关系的一项工作。在当前知识经济飞速增长的背景下，财务管理中的价值管理与综合管理特性变得尤为明显，它们控制着企业的核心命运（刘宇平，2012）。在应对外部环境不确定性的过程中，企业通过现实财务竞争条件与财务竞争机制之间的相互耦合，实现自身财务管理工作的创新与发展，最终形成竞争对手所不可模仿或者难以抗衡的财务竞争优势。而企业财务核心竞争力的培育与提升，无形之中给企业的战略财务管理增添了竞争优势，实现了内外部环境的动态平衡，从而使其更好地服务于企业的长远发展。基于此，我们认为企业财务核心竞争力的形成过程如图4.4所示。根据对企业财务核心竞争力形成过程的剖析，我们不难看出：

（1）企业财务核心竞争力的培育离不开特定的理财环境，同时受到理财环境一些不确定因素的制约与阻碍。企业必须始终围绕着企业发展战略的需要而不断调整财务策略，以使企业财务核心竞争力进一步适应企业的可持续发展。

（2）企业财务核心竞争力的形成是以企业财务协同治理能力为基础、以企业整体的财务战略为基本纲领的，这对于财务资源的合理分配和财务能力的有效应用具有明确的指导意义。财务竞争条件、财务竞争机制以及财务竞争表现耦合为企业财务竞争力。其中需要说明的是，财务竞争条件包括财务资源等，构成了财务能力的物质基础；财务竞争机制则是财务能力的体现，财务能力的核心在于对财务资源进行持续不断的合理化优化配置，以实现对财务资源的有效利用。

（3）经过整合之后的企业财务竞争力在学习与创新机制的推进下，进而转化为企业的财务核心竞争力。所以说，企业财务核心竞争力是企业财务管理的整合性能力，并非单一能力的简单汇总，其核心之处在于财务组织学习与创新。

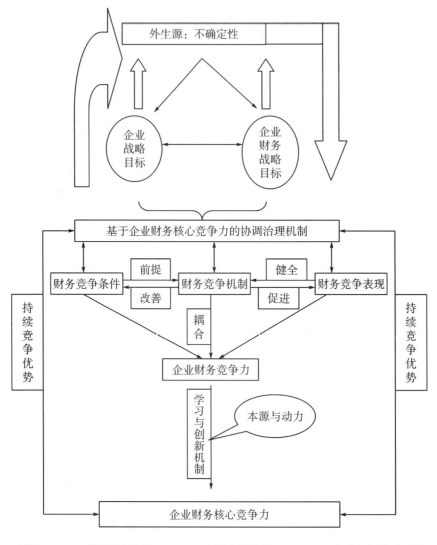

说明：◄──► 表示互动过程；▭▭▻ 表示反馈过程；⌣⌣ 表示决定/形成过程

图 4.4　企业财务核心竞争力的形成过程

总之，企业财务核心竞争力是企业核心竞争力在财务管理上的具体体现，是各构成要素之间相互作用的结果。企业财务核心竞争力的高低是由多个因素共同作用和影响的结果。从理论上讲，企业的价值创造能力、治理结构、管理创新能力这三个方面共同组成企业财务核心竞争力，它是由多个要素组成的，这些要素之间的关系异常复杂，并且每一个要素都是不可或缺的。

5 企业财务核心竞争力的识别与评价

研究企业财务核心竞争力的目的是对其进行分析和评估，从而帮助企业发现财务管理过程当中存在的问题，然后提出针对性的解决方案。精准识别企业财务核心竞争力有助于企业准确把握企业在财务领域的优劣势，从而为企业战略财务管理的方向提供指引。而且，在企业财务管理活动中，适时评估企业核心竞争力，并根据评估情况有针对性地加强财务管控、优化资源配置，确保企业财务管理体系的高速高效率运转，这也为企业价值创造夯实了基础。在前面的章节，我们介绍了企业财务核心竞争力的内涵、基本特征、构成要素等，但要精准地评估企业财务核心竞争力仍然非常不易。基于此，本章着重探讨企业财务核心竞争力的识别标准、识别方法、识别程序，并在此基础上构建企业财务核心竞争力的定性与定量评价指标体系。

5.1 企业财务核心竞争力的识别

从本质上看，企业财务核心竞争力是一个动态的概念，它区别于企业的综合素质、综合实力等静态概念。在复杂性和不确定性方面，企业财务核心竞争力甚至与"博弈"的概念有类似之处。因此，企业财务核心竞争力的识别与评价在理论和应用上都有一定的难度，尤其在该研究领域的核心部分——评价要素、评价指标体系以及权重设计等方面。因为不同的学者有不同的观点，所使用的识别方法和指标体系通常也会有所不同，这导致不同的指标体系得出的评价分析结果也会有所不同。因此，为了有效地培育和提高企业财务核心竞争力，科学和准确的识别变得至关重要。为了确保企业财务核心竞争力理论在我国企业的财务管理实践中得到有效应用和推广，首先需要对企业财务核心竞争力进行全面和系统的识别。

5.1.1 企业财务核心竞争力的识别标准

要判断一个企业是否拥有财务核心竞争力，我们必须有一个明确的识别标准（汤湘希，2005；佟如意，2007）。关于这一点，不同学者建立了不同的识别标准。然而，如此多的识别标准让人们在判断企业是否具备财务核心竞争力时不知道如何选择。因此，有必要建立一套理论上站得住脚且在实践中能广泛推广应用的通用标准。本书认为，要达到上述要求，识别企业财务核心竞争力时必须满足以下四个标准：

（1）特征性标准

一个企业所拥有的财务核心竞争优势要成为财务核心竞争力，必须符合企业财务核心竞争力的基本特征，这是决定一个竞争优势属于一般竞争力抑或是财务核心竞争力的关键因素（汤湘希，2005）。如前所述，本书认为，企业财务核心竞争力应具备五个基本特征，即价值创造性、异质性、综合性、协同性和动态性。因此，要评估一家企业是否具备财务核心竞争力，首先需要观察企业所拥有的竞争优势是否符合企业财务核心竞争力的上述基本特征。如果没有这些特征，我们就只能把这些竞争优势看作这家企业拥有的一般竞争力。

（2）协同性标准

企业财务核心竞争力是由各种资源要素和能力有机融合形成的综合财务能力，是一个由各种能力凝结的综合体，而不是单一的某种资源或能力，因为它们没有形成协同效应，无法实现"1+1>2"的效果，也容易被取代、复制或者模仿，也就无法构建成企业的财务核心竞争力。事实上，企业财务核心竞争力能否形成的关键在于，各种资源要素和能力的协调融合是否成功以及怎样进行的协同。因此，识别企业是否具有财务核心竞争力的第二个标准可以从判断企业财务系统是否具备协同性能力入手（汤湘希，2005）。

（3）长期性标准

如前文所述，财务核心竞争力是企业在长期财务实践中积累和培育起来的，是能够使整个企业保持长期稳定的竞争优势的一种综合财务能力。因此，判别某个企业是否具有财务核心竞争力，并不能从某一特定时期或者时段通过其是否拥有特殊的财务资源、管理模式、资本市场融资能力等来判断，必须要看企业是否具有长期的财务竞争优势。纵观我国现有的同仁堂、张小泉、茅台、青岛啤酒、张裕集团等长寿企业，无一例外地拥有持续的竞争优势，尤其是持续的综合理财能力。

（4）异质性标准

如前所述，企业财务核心竞争力是企业独有的，难以被模仿的，是企业在长期的财务实践中融合各类资源要素、能力而形成的综合财务能力。不同企业的财务实践、财务资源禀赋、财务人员素养和管理水平各有不同，使得不同企业的财务核心竞争力也具有十分明显的异质性。事实上，企业财务核心竞争力的异质性才决定了其获得高额经济回报的可能性，这是企业财务核心竞争力培育的基本动力。因此，要判断企业是否具有财务核心竞争力，首先就要看企业在财务资源、财务管理模式、财务管理能力等方面与其他企业到底有何差异。

5.1.2 企业财务核心竞争力的识别方法

借鉴汤湘希（2005）和佟如意（2007）识别企业核心竞争力的思路，我们认为，也可以采用财务技能分析法、变异层次分析法、过程分析法和能力束分析法来识别企业财务核心竞争力，并采用定量与定性分析相结合的方法进行系统评估。

（1）财务技能分析法

要想真正识别企业财务核心竞争力，必须对企业财务核心竞争力的各个细节进行梳理。为此，我们可以对企业财务管理技能进行解剖梳理，识别出关键性的财务技能，尤其是与企业可持续发展紧密联系的关键理财能力，找出企业财务核心竞争力的"零部件"或"子部件"（汤湘希，2005）。当然，需要说明的是尽管这种方法比较直观，但企业财务核心竞争力具有隐蔽性和综合性，要想科学、明晰划分企业财务核心竞争力的各个组成要件其实相当有难度，人为武断的划分也会影响企业财务竞争力评价的可行度，要想相对客观地识别企业财务核心竞争力，需要准确把握企业财务核心竞争力的来源、演化规律以及各要素的重要性。

（2）变异层次分析法

变异层次分析法是对财务技能分析法的进一步延伸。企业财务核心竞争力是由不同要素组成的，而且各个要素之间存在层次关系和因果关系。企业财务管理体系是一个由单个财务技能、某类层面的财务技能以及企业财务资源、财务机制、财务文化等因素组成的大系统。要识别企业财务核心竞争力，应区分各层次，进行层层剖析，逐层深入地识别和分析企业财务核心竞争力的关键所在，然后进行综合分析。当然，变异层次分析法依赖于我们对企业财务核心竞争力各层次以及层次关系的精准识别，如果各层次识别错误或者各层次关系把握不准，很容易导致企业财务核心竞争力识别的误差或错误。

（3）过程分析法

过程分析法以伊夫·多兹（Yves Doz）等为代表，他们借鉴资源学派的理论提出，识别企业核心竞争力首先要分析企业核心竞争力的培育过程。企业财务核心竞争力与企业核心竞争力类似，其形成过程是各要素、能力逐渐融合、孵化的过程。要想科学识别企业财务核心竞争力，必须把握企业财务核心竞争力的动态形成过程。

上述三种方法都能在一定条件下识别出企业财务核心竞争力。我们认为，无论采用何种方法，识别企业财务核心竞争力的实质都是明确企业已经存在的财务核心竞争力体现在哪些地方，以及它们以什么样的整合性、协同性能力综合反映企业核心竞争力的强弱（汤湘希，2005）。

（4）能力束分析法

能力束分析法是按照内容模块将企业财务核心竞争力分为几个能力束，然后观察企业在各个能力束方面的财务业绩表现，分析企业与同行业其他企业相比是否具有财务竞争优势以及财务优势表现在哪些地方，最后依据这些情况进行企业财务核心竞争力的识别和评价。表 5.1 列示了企业财务核心竞争力的能力束分析情况。

表 5.1　企业财务核心竞争力的能力束分析情况

序号	能力束分类	基本含义	拥有企业财务核心竞争力的表现
1	财务决策能力	企业的财务决策能力直接影响企业财务资源分配、财务模式选择等，继而影响企业未来走向	具有长远的财务管理战略规划和与之相适应的财务管理模式
2	财务控制能力	财务控制能力是对企业财务管理过程的把控能力，涉及企业财务规划拟定的科学合理性、财务规划实施过程控制、财务规划调整、财务分权程度等诸多要素，其核心在于通过有效控制财务管理活动、确保财务活动和资金运动的合法合规和效率，进而创造企业价值	拥有较强的财务控制能力，财务运行效率较高并能及时预警和化解企业财务风险
3	财务协调能力	财务协调能力是指能够妥善处理各方利益关系，调动资源，推动团队协同工作的能力。根据财务管理的内容，财务协调能力主要体现在财务目标传达能力、财务资源配置过程中的沟通能力、财务管控信息共享等方面的协调沟通能力，它将企业财务核心竞争力的各个要素贯穿成整合性的能力	企业财务管理系统具有较强的凝聚力与约束力，而且财务管理系统与企业其他子系统的财务管控意识一致性较高
4	财务组织能力	财务组织能力涉及财务系统组织架构、财务分支机构设置、激励约束机制建设等方面，它将财务技能、知识等融合到了企业财务核心竞争力中	财务自组织系统运行顺畅、高效
5	财务人员能力	财务人员能力体现在专业知识情况、教育经历情况、财务管理经验积累、财务技能技巧掌握情况、财务人员学习能力、职业态度和价值观等方面，对企业财务核心竞争力的孵化和培育具有极其重要的作用	能充分调动财务人员的主观能动性，使其共同为企业长远发展和价值最大化目标的实现发挥作用

（5）特征分析法

要有效地识别企业财务核心竞争力，关键在于理解和把握企业财务核心竞争力的本质和特征。在识别企业财务核心竞争力的过程中，必须考虑其固有的特点（佟如意，2007；李明荣，2007）。经过严谨的分析和评估，在观察识别与评估的结果时，若发现其与上述特性高度一致，则可初步判定为在财务方面的核心竞争优势。

5.1.3　企业财务核心竞争力的识别程序

前文简要阐述了识别企业财务核心竞争力的标准、方法。在现实实践中，企业还需要按照一定的程序来分析、识别财务核心竞争力，具体程序如下。

第一步：厘清企业财务管理活动和业务环节，分析企业具有哪些持续性竞争优势。同时，考虑到财务核心竞争力的价值增值性，我们也可以基于企业财务价值链，将价值链上的每个理财环节进行细分，分析企业在财务价值链中的价值创造点在何处、价值创造的特长和优势在何处以及对应的企业理财能力体现在哪些方面，从而识别出企业的财务技能优势有哪些。

第二步：分析企业当前财务技能优势是局部职能性的财务能力，还是对企业整个价值创造有重大影响。如果某项财务技能、财务经验和财务做法仅仅对某个价值链的增值活动有影响，则不能算作企业核心财务能力。只有对企业价值创造和整体性绩效有重大影响的财务能力或诀窍，才有可能形成财务核心竞争力（佟如意，2007）。

第三步：辨析财务技能的优势，也就是分析企业与其他竞争对手之间的财务技能差异在何处，以及自身的优势在哪里。如果某项财务技能自己拥有，其他企业也拥有，就不具备独特性，难以持续创造超额收益或利润，因此不构成企业财务核心竞争力。在该程序阶段，企业可以通过调查企业管理层、行业专家、价值链上的其他企业等来获取信息。

第四步：分析经过上述程序识别出的财务技能技巧与企业竞争优势的关系。企业财务核心竞争力必须满足价值增值性特征，企业拥有的某项财务技能如果不能为企业创造价值或带来竞争优势，也不能算作企业财务核心竞争力。因此，企业财务能力必须与企业财务绩效、竞争优势和价值创造相联系。如果企业的某项财务能力与企业重要财务绩效、核心竞争优势和重大价值创造等高度相关，那企业就具备了财务能力上的竞争优势，可以据此判定企业拥有财务核心竞争力（佟如意，2007；王大山，2008）。

第五步：分析企业财务竞争优势的持久性。企业财务核心竞争力的持久性受企业财务核心竞争优势的强弱和企业财务创新的持续性、其他竞争企业学习模仿能力、其他竞争企业创造替代财务优势的能力强弱等因素的影响。

第六步：这一步主要分析在该行业的财务管理活动中正在发生的关键性变化是什么及其对企业财务管理的影响。前五步侧重于从静态上观察企业财务核心竞争力的情况，第六步着重从长远来分析内外部环境和竞争对手情况；剖析企业长远战略会如何发生变化；这些战略对财务管理能力有何种要求及其如何影响企业财务核心竞争力；企业还需要开发哪些财务能力；等等。

5.2　企业财务核心竞争力评价现状及存在的问题

我国的企业财务核心竞争力评价研究还处于起步阶段，其理论体系不够成熟，实践过程中标准不一。只有充分认清这项工作面临的实际情况，明确发展中可能遇到的各种挑战，才能进一步优化企业财务核心竞争力评价指标体系，提出规范企业财务核心竞争力评价的政策建议。

5.2.1　缺乏权威的企业财务核心竞争力评价指引

健全的制度能够为企业财务核心竞争力评价提供有力依据，是保障企业财务核心竞争力评价有效开展的前提条件。但由于我国的企业财务核心竞争力评价研究起步比较晚，还处于不断探索和发展的阶段，当前还缺乏统一、规范的企业财务核心竞争力评价制度和具体评价指南等规范性文件，没有可操作性强的细化规定，企业财务核心竞争力评价标准难以得到制度保障，企业财务核心竞争力评价也较难得出客观公正的评价结果。

5.2.2　企业财务核心竞争力评价指标的系统性较差

我国当前尚未确定统一的企业财务核心竞争力评价体系。企业在开展企业财务核心竞争力评价工作时缺少一个公认、科学的标准，只能参考一些学者的研究筛选部分指标来确定评价体系，整个体系缺少内在逻辑关系，指标之间缺乏相互联系，指标权重也不一定合理，可能导致企业在财务核心竞争力评价过程中思路模糊，容易出现差错（王雪继，2021）。

5.2.3　评价指标值及其权重确定的主观性较强

一是我国的企业财务核心竞争力评价中大量使用定性指标，各项指标的指标值估算和评价都依赖评价人员的职业性主观判断，然后将评价情况与评价标准进行比对打分，这种计量方法随意性、主观性较强（王雪继，2021）；二是在每项指标的权重设计部分，评价小组并未采用科学客观的方法确定每项指标的权重，只是根据专家打分或自我职业判断确定一个大概的权重基数，这显然难以满足我国企业财务核心竞争力评价的现实需求（王雪继，2021）。

5.3 企业财务核心竞争力评价指标体系构建

如前文所述，企业财务核心竞争力的识别、评价面临较多挑战，加上数据采集难度这一现实问题，不可避免地影响了该领域研究的广度和深度。虽然困难是客观存在的，但构建企业财务核心竞争力的评价指标体系对企业可持续发展具有非同寻常的意义。建立一套关于企业财务核心竞争力的评估准则、评价指标体系，以及选用有效的评价方法，为各企业有效判断、评估和培育财务核心竞争力势在必行。本书借鉴企业核心竞争力评价的研究成果以及财务核心竞争力评价体系的相关文献，从财务核心竞争力的内涵、本质及构成要素的角度出发，建立了企业财务核心竞争力的评价指标体系，对企业财务核心竞争力的评价做了一些有意义的探索。

5.3.1 企业财务核心竞争力评价指标设计原则

企业财务核心竞争力评价指标体系应既能较好地体现企业财务管理的核心竞争优势，又便于在实际中应用。因此，合理的指标体系设计就成为评价企业财务核心竞争力的核心因素。由于企业财务核心竞争力具有动态发展的特性，所以其指标体系也将是一个多属性、多层次的指标体系。本书认为，在构建企业财务核心竞争力的评价指标体系时应遵循以下原则：

（1）系统性原则

企业财务核心竞争力是一个复杂的系统，是企业内部资源要素与外部环境相互联系、交互作用的综合结果（张茂生，2004）。企业财务核心竞争力的大小既取决于企业内部各项要素资源的综合协调程度，也受到外部金融环境、市场竞争环境、资本市场发展情况、地区政府治理等因素的制约。因此，企业财务核心竞争力评价指标体系不是指标的简单堆砌，而是要系统综合反映企业理财能力与外部理财环境的相互作用关系。

（2）重要性原则

企业财务核心竞争力评价牵涉方方面面，要想利用有限的指标全面、客观地刻画企业财务核心竞争力的情况是不现实的，因此，在指标筛选的时候要尽可能突出重点。企业财务核心竞争力是能给企业带来持续竞争优势的整合性理财能力。对企业财务核心竞争力进行评价，要厘清企业普通财务要素资源与企业核心竞争力要素、企业核心竞争力与一般竞争力的区别和联系，着重强调其产生持续竞争优势的一面，以及能代表企业在财务管理实践中的独特优势。因此，我们在设计企业财务核心竞争力评价指标时不应求全，而是应该选择真正能代表企业财务核心竞争力的指标，所选指标个数不一定多，但严格分清主次。在本书中，我们主要从财务竞争基础、财务竞争机制、财务竞争表现三个维度分别筛选几项重要指标来刻画企业财务核心竞争力，力争做到有的放矢，提高评价效率。

（3）可比性原则

可比性原则要求企业财务核心竞争力评价指标体系应具有普遍的统计意义，不仅能实现时间上的横向比较，而且可以进行空间上的纵向比较（张茂生，2004）。唯有保证企业财务核心竞争力评价结果的可比性，我们才能对比不同企业和同一企业不同时段财务核心竞争力的差异，从而分析企业财务核心竞争力的优势和薄弱环节，继而为企业财务核心竞争力的培育和提升采取适当措施予以优化。

（4）实用性原则

企业财务核心竞争力评价指标体系既要系统全面，又必须简单可行，具有可操作性，否则评价指标体系也不能使用。因此，企业财务核心竞争力各项评价指标必须内涵界定清晰、指标信息能够被搜集，既能系统刻画企业财务核心竞争力的真实情况，又便于计算，操作简单。比如，有些学者建立的企业财务核心竞争力评价指标多达数十项，尽管做到了系统全面，但也确实会因为数据难以获得或指标繁多而难以操作，从而降低了企业财务核心竞争力评价指标体系的实用性，使研究难以落地。

（5）动态性与互斥性原则

企业财务核心竞争力的培育和提升是一个动态的自我培育过程，再加上企业要素资源和内外部环境的变化，企业财务的核心竞争优势也是系统的、动态的，因此，所构建的企业财务核心竞争力评价指标体系需要动态持续更新，具备时效性。

互斥性原则要求企业财务核心竞争力评价指标体系在内涵和外延方面要尽量相对独立，避免同一指标层或不同指标层内的指标相互重复、相互包含或存在内生关系，导致评价指标选择无效。

（6）定量指标与定性指标相结合的原则

企业财务核心竞争力是一个多维的复杂系统，影响企业财务核心竞争力的要素资源有的便于度量刻画，有的只能定性描述。这就要求在企业财务核心竞争力评价指标体系中，既要有定量评价指标，又要有定性评价指标，这样才能真正全面地反映企业在财务管理实践中的优势。

5.3.2　企业财务核心竞争力评价指标设计思路

企业财务核心竞争力的研究在国内渐起热潮，专家学者从不同的角度和不同的层面对其有不同的解释和理解。本书在考虑实用性、科学性及有效性的前提下，在企业财务核心竞争力的内涵、构成要素的基础上，结合企业财务核心竞争力本源模型图，通过对企业财务核心竞争力形成机理及其构成要素的分析，另辟蹊径地提出了"独特的资源、技能或其组合—财务竞争机制—财务表现能力"的设计思路（见图5.1），初步构建了企业财务核心竞争力的评价指标体系。

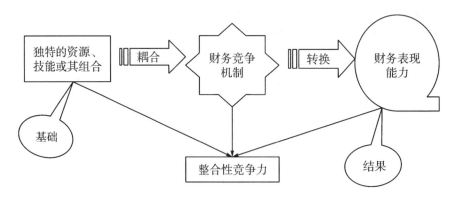

图 5.1　企业财务核心竞争力的演化过程

5.3.3　企业财务核心竞争力评价指标体系构成

企业财务核心竞争力评价指标体系应是一套能够充分揭示企业财务管理活动的内在规律和长期、独特的理财优势，具有一定的内在联系，互相补充，能够确保企业战略财务管理目标实现的指标群。在这些指标群中，设置哪些指标，既关系到企业财务核心竞争力评价结果的科学性、准确性和实用性，更能充分体现企业财务战略目标的发展方向，影响到企业财务管理绩效创造和企业可持续发展（张青，2001）。可以说，企业财务核心竞争力的指标体系是正确评价企业财务管理工作优与劣的前提与基础。本书遵循评价指标体系构建的原则，以修正平衡积分卡各要素之间的逻辑关系为指导，以企业财务核心竞争力的形成机理为依据，初步设计了3个一级评价指标、11个二级评价要素和11个基本评价指标。

5.3.3.1 财务竞争基础的评价

（1）资产质量及其评价

设备成新率反映企业设备现行价值与其全新状态重置价值的比率，刻画了企业设备的新旧程度。企业设备成新率越高，表明设备的使用寿命越长，维护成本相对越低，对企业盈利越有利。相反，若企业设备成新率低，则意味着企业设备可能需要更多的维修和更新，从而增加运营成本。因此，设备的成新状况也能反映出企业资产质量的高与低。其计算公式如下：

$$设备成新率 = \frac{近3年平均固定资产净值}{近3年平均固定资产原值}$$

（2）财务人力资源及其评价

现代商品经济社会日益知识化，人才的作用显得愈来愈重要。财务方面的人才资源运用手中的财权，可以影响到其他生产要素的优化配置，进而影响到整个企业可持续发展的竞争能力。因为企业资本的投入必须通过合理的财务决策、控制、分配、转化后才会产生价值，而财务人员在这些环节中发挥着至关重要的作用，特别是高素质的财务人员在培育企业的财务核心竞争力中起着中流砥柱的作用，是企业各类资源要素合理配置的核心。基于财务管理核心竞争优势的评价，本书用智力资本比率这一基本指标来评判企业财务人力资源是否具有竞争优势。高学历、高职称的财务人员包括大学本科及以上学历和高级及以上职称的财务工作者。其计算公式如下：

$$智力资本比率 = \frac{高学历、高职称财务人员数}{财务人员总数}$$

（3）信息处理技术及其评价

信息量多、密度高、覆盖面广、传递速度快、效率高的信息时代，必然要求企业的财务管理工作能够对外界的各类信息做出快速反应。正如著名财务学家迈克·阿纳斯塔斯（Mike Anastas）所指出的，由于信息时代的到来，未来的财务部门将成为公司的信息中心和公司健康运转的中枢，届时财务管理将被要求拥有最先进的信息技术，并始终处于信息技术的最前沿（郭复初，2006；靳能泉，2009）。在我国经济发展中起着关键作用的企业，更应该拥有尖端的信息处理技术，以便预测企业产品或服务的需求、生产、营销、成本和盈利，并指导管理决策。只有采用新的财务管理理论和方法，帮助企业保持领先竞争力和高盈利率，才能不断巩固企业的竞争地位。这一评价要素可以通过实地调查取证，了解企业当前财务工作应用的信息系统是 MRP、MRPII 还是 ERP，或者大众会计电算化应用软件，甚至是结合自身财务工作的需要，创新出的新的财务信息处理技术。

5.3.3.2 财务竞争机制的评价

（1）学习创新机制及其评价

面对数字经济与大数据、人工智能等新兴技术的冲击，当代财务管理的理论与方法已经不太适应国家经济社会的发展和技术变革，在指导企业的财务管理实务方面捉襟见肘，所以，要让我国企业获得持续的竞争优势，势必要以持续不断的学习创新机制作为支撑。企业财务核心竞争力的形成并非一蹴而就，需要长期的孵化、孕育，企业财务核心竞争力的价值也难以估量，因此，企业一旦拥有财务核心竞争力，其他企业就很难在短期内追赶上。当然，我们不得不说企业财务核心竞争力也并不是一成不变的，它会随着企业内外部环境和资源要素禀赋的变化而变化，要想持续保持在理财方面的竞争优势，企业就必须不断地维护、创新、发展和培育财务核心竞争力，否则财务核心竞争力的优势将逐渐减弱。因此，学习与创新是企业财务核心竞争力最重要的形成机制，它是财务核心竞争力的本源，其系统性、长期性决定了财务核心竞争力的难模仿性。对于企业学习创新机制与能力的评价，本书认为，学习与创新的最终结果是提高企业理财效率、财务人员业务素质和企业价值创造能力，所以，本书采用全要素生产率来反映财务工作的绩效以及创新能力，具体计算方法参照鲁晓东和连玉君（2012）的研究，采用 Olley-Pakes 法（简称"OP 法"）来估算企业全要素生产率。

（2）风险预警机制及其评价

随着经济的不断发展和金融工具的不断创新，企业在筹资和投资方面有了更多的自由，但同时也面临更多的风险，这些风险往往使企业在经营过程中陷入财务危机，甚至遭遇破产。因此，为了防范企业因各种风险所导致的财务困境或财务失败，确保运营高效、管理有序的企业能够可持续地健康发展，并提升财务管理总体的竞争力，一个有财务远景规划的企业必须构建灵活、及时的财务风险（危机）预警机制，才能提高抵抗各种风险的财务能力，增强企业的财务核心竞争力。

企业财务风险预警机制也即财务失败预警机制，是指通过对企业日常经营中的财务运行状况进行持续的监控，以防范企业发生财务危机，对企业在经营管理活动中潜在的风险进行实时监控以防止财务失败的有机系统（李绍敬，2005）。该预警机制采用一种综合性的预警方法，能为财务主管提供决策所需信息，保证决策的科学性和可行性，并结合其他信息判断企业何为有所为，何为有所不为，其目的是提高企业的综合经济效率（蒋永华 等，2008）。

本书采用美国纽约大学斯特恩商学院教授 Edwards Altman 的多变量线性模型［又称"Z 计分模型"（Z-score）］来预测公司的财务风险状况，并提出用 Z 分数值作为判别的基本标准。Z 分数值越大，说明此公司的财务状况越稳健；反之，则说明此公司的经营状况越差（李绍敬，2005）。此外，Edwards Altman 教授还在计算 Z 分数值的基础上，提出了判定企业破产的临界值，若 Z 分数值>2.675，则说明企业的财务状况总体良好，面临的破产风险较小；若 Z 分数值<1.81，则说明企业面临的财务风险较大、破产风险较高。同时，他还界定了企业破产风险无法明确判别的区间，即 Z 分数值处在 1.81~2.675，称为"灰色区域"，Z 分数值位于这个区域的企业，其财务风险存在较大波动性，随时面临破产风险（孟义，2013）。Z 分数值具体计算公式如下：

Z=1.2×（净营运资金/总资产）+1.4×（留存收益/总资产）+3.3×（税前经营利润/总资产）+0.6×（股东权益合计/负债总额）+0.999×（主营业务收入/总资产）

（3）信息披露机制及其评价

近年来，伴随着一系列国内外企业财务丑闻的曝光，企业会计信息披露越来越成为社会关注的焦点。企业信息披露的数量和质量直接影响到投资者的判断和决策，更关系到企业自身的可持续发展，关系到证券市场能否正常运行。因此，对于任何一家寻求核心竞争优势的企业，一套完善、合理、及时、公平的信息披露机制是不可或缺的制胜"法宝"。企业会计信息披露机制是一个复杂的社会系统工程，它需要监管部门、社会公众以及企业三方共同努力，相互配合。

本书着重从企业的角度出发来评判信息披露机制的效果及其对企业财务核心竞争力的影响。完善的信息披露机制能为广大的信息使用者提供有效、及时的财务信息，便于其做出合理正确的投资决策。如此循环往复，可以为企业长远发展奠定稳固的资金基础，这无疑又增强了企业的财务核心竞争优势。企业信息披露的等级是企业信息披露质量、效果的综合体现。信息披露机制评价指标的具体衡量在假设利益相关者提供客观、真实、可靠的财务信息的基础上，把注册会计师出具的审计报告的意见类型（无保留意见的审计报告、带说明段的无保留意见的审计报告、保留意见的审计报告、无法表示意见的审计报告与否定意见的审计报告）分为 A、B、C、D 和 E 共 5 个等级并赋值进行计算。

5.3.3.3 财务竞争表现的评价

（1）债务风险承受力及其评价

债务负担的大小、资产负债的结构、或有负债情况、现金偿债能力等方面的财务指标可以综合反映企业的债务水平、偿债能力及其面临的债务风险。当然，企业的社会信誉、担保责任、筹资环境以及租赁事项的存在也会影响到公司的债务风险。本书采用现金净流量比率这一基本指标来衡量企业的债务风险承受力，是因为该指标可以从动态的角度对企业本期的实际偿债能力进行考察，更科学谨慎地评判企业的偿债能力，较好地反映其盈利能力的质量与真实性，符合企业财务核心竞争力的基本特性，比其他偿债能力指标更具说服力与客观性。其计算公式如下：

$$现金净流量比率 = \frac{经营活动净现金流量}{流动负债}$$

（2）营运速度及其评价

企业资产质量主要体现在企业资产结构、企业资产运行状态、企业资产（主要是总资产、应收账款、存货等）周转速度以及资产的有效性。企业资产质量指标体系能够综合反映出企业资源的利用效率、资源配置效率与资产的安全性，对于企业培育与提升财务核心竞争力无疑起着至关重要的作用（蔡玉兰，2010）。大量的优质资产、良好的资产管理方法以及创新的资产运营理念是企业培育与提升财务核心竞争力的过程中追求的目标和关键要素。本书选用总资产周转率来刻画企业资产质量情况和总体营运能力，因为它可以反映企业全部资产的利用效率，最终能体现出企业营运速度和盈利能力的强弱，是评判企业财务核心竞争力不可或缺的指标。其计算公式如下：

$$总资产周转率 = \frac{一定时期销售收入}{一定时期资产的平均余额}$$

（3）盈利水平及其评价

对企业价值创造的追求是企业日常经营和培育持续市场竞争优势的动力源泉与直接目的。那么，如何评价一个企业的价值创造能力呢？我们主要通过评价企业的资本或资产获利状况、企业成本费用管控状况、企业经营现金流量状况、企业资产周转状况、企业存货或应收账款周转状况等方面的财务指标，来综合或侧面反映企业的投入产出情况、可持续价值创造能力以及现金保障状况（金笛，2010）。本书决定采用净资产收益率这一基本指标来评估企业的表现，原因在于它具有较高的综合性与代表性，可以全面评价企业自有资本及其积累获取报酬的水平。这一指标在评估企业可持续财务竞争优势与企业运营管理效率方面具有不可替代的作用，是众多财务指标相互联系的完美体现。该指标通用性强，适用范围广，不受行业局限，在国际上的企业综合评价中使用率非常高（孟银萍，2010）。其计算公式如下：

$$净资产收益率 = \frac{净利润}{平均股东权益}$$

（4）经营成长性及其评价

对于任何有发展前景的公司而言，必须经历生存、发展与获利的生命周期。经营成长性体现了企业可持续的发展与获利能力，起着承上启下的作用。在承"前"的基础上，实现跨越式的发展后劲，这是财务核心竞争力存在的现实意义（金笛，2010）。分析与评判销售增长、资本积累、效益变化以及技术投入等方面的财务指标，可以了解上市公司发展的趋势与增长的潜力。本书采用营业收入增长率这一基本指标来衡量企业的经营成长性，因为企业的财务核心竞争力主要体现在形成难以模仿且具有价值的竞争优势领域，而营业收入增长率则恰好反映的是企业在其主要经营范围内的发展潜力，体现了财务核心竞争力可持续发展的思想。其计算公式如下：

$$营业收入增长率 = \frac{本期营业收入的增加额}{上期营业收入总额}$$

（5）应变弹性及其评价

在瞬息万变的信息时代，时机的把握是否得当已成为决定财务行为成功与否的关键。应变弹性能力是企业财务核心竞争力强与弱的重要表现因素之一，较强的适应性和抓住投资机会的能力，使得绝大多数企业能够在激烈的市场竞争中运筹帷幄，不断增强自身的财务竞争力。这种能力来源于现金流量与支付现金需要的比较。现金流量超过支付现金需要，有剩余的现金，企业就可以自主安排相应的财务政策，适应性就强，财务核心竞争优势就越明显；现金流量小于其支付现金需要，会造成现金短缺，此时企业的财务适应性就弱，财务核心竞争弱势就越明显（张倩，2009）。因此，可以用企业产生的经营现金流量净额与支付要求进行比较来衡量应变弹性，简称"现金满足投资比率"，支付要求可以是相关的投资需求或者承诺支付等。其计算公式如下：

$$现金满足投资比率 = \frac{近3年经营现金流量净额之和}{近3年资本支出、存货增加、现金股利之和}$$

总之，企业财务核心竞争力评价指标体系既有定性指标，又有定量指标；既有静态的指标，也有动态的指标；既有反映现实财务竞争力的指标，也有预测未来财务竞争力的指标（成长春，2005）。该指标体系可以帮助企业很好地识别和认清"什么是企业核心竞争力""企业的财务核心竞争力在哪里"（陈洪转，2004）。不同地区的不同企业、同一企业的不同发展阶段或者所处的不同生命周期，其财务核心竞争力的关键要素都可能有所不同，企业可以结合实际情况在现有评价指标体系的基础上进行增减，以便做出更合理、有效的评价。具体的企业财务核心竞争力评价指标体系如表5.2所示。

表 5.2　企业财务核心竞争力的评价指标体系

目标层	构成要素	评价要素	基本指标
企业财务核心竞争力	财务竞争基础	资产质量	设备成新率
		财务人力资源	智力资木比率
		信息处理技术	信息处理水平
	财务竞争机制	学习创新机制	全要素生产率
		风险预警机制	Z 分数值
		信息披露机制	审计意见类型
	财务竞争表现	债务风险承受力	现金净流量比率
		营运速度	总资产周转率
		盈利水平	净资产收益率
		经营成长性	营业收入增长率
		应变弹性	现金满足投资比率

6 企业财务核心竞争力综合评价

如前几章所述，企业财务核心竞争力评价在理论和应用上都面临诸多挑战。考虑到定性评价容易受到评价主体主管因素的影响，从而导致精准性下降，本章采用定性评价与定量评价相结合的方法构建多层次的企业财务核心竞争力综合评价模型，帮助企业系统分析财务核心竞争力的强弱以及在哪些方面的财务优势突出，查找阻碍企业财务核心竞争力提升的瓶颈，以便对症下药。

6.1 企业财务核心竞争力综合评价的意义

对企业财务核心竞争力进行识别、评价和分析具有重要意义。我们可以从多个角度来看待这个问题：

（1）从国家层面来看，企业是市场经济活动的主要参与者，其财务状况的优劣直接影响国家经济发展的好坏。通过对企业财务核心竞争力的综合评价，我们能够从侧面了解国家和各地区的经济发展状况和经济发展的优劣势，以此预判经济走向，从而因地制宜地制定针对性政策措施，正确引导国家和地区的经济转型。同时，国有企业的财务核心竞争力评价还能与管理层的业绩考评、岗位问责和职位晋升挂钩，从而通过业绩考评问责、晋升激励等方式"倒逼"企业找准企业管理模式，尤其是财务模式的优化调整，促进企业提升财务核心竞争力，进行价值创造。

（2）从企业的角度来看，通过企业财务核心竞争力综合评价，企业能够找到自身理财能力方面的优劣势，找准自身定位以及与对手间存在的差异，从而针对性地调整财务策略、塑造财务管理核心竞争力。同时，财务核心竞争力是企业核心竞争力最有力、最有效的反映（李明荣，2007）。通过企业财务核心竞争力评价，我们还能系统分析企业核心竞争力状况以及背后的理财原因，然后通过财务手段进行适当处理。此外，企业财务核心竞争力评价还可以作为财务管理者绩效考评的重要依据，通过业绩考评问责"倒逼"管理层努力履职，缓解企业内的委托代理冲突。

（3）从个体投资者的角度来看，对企业财务核心竞争力进行系统分析，能够帮助个体投资者在一定程度上判断企业的投资价值，提升投资的准确性，规避因信息不对称导致的盲目投资行为。通过评价企业竞争力是否具有财务核心竞争力的价值性、独特性、长期性等特征，个体投资者还能够判断企业核心竞争优势和竞争优势的持续性，从而分析企业未来可持续的盈利能力，这有助于投资者制定投资策略、做好是否投资的决策和投资项目的筛选。

6.2　企业财务核心竞争力评价指标体系的构建

6.2.1　层次分析法的基本原理

层次分析法（analytic hierarchy process，AHP）是经济、社会研究领域广泛使用的指标权重估算方法之一，它具有简单易懂、操作方便、赋值相对合理等特点，适用于多层次、多指标、定性指标与定量指标相结合的情况，能与绩效审计评价体系有效结合。本书运用层次分析法确定企业财务核心竞争力评价指标体系各层级的指标权重，具体步骤如6.2.2节所述。

6.2.2　层次分析法的基本步骤

（1）建立层次结构模型

运用层次分析法解决问题时，首先要将问题条理化、层次化，构造出一个有层次的结构模型。这一步必须建立在对问题以及环境充分理解、分析的基础上。因此，这项工作应由运筹学工作者与决策人、专家等密切合作完成。利用这个工具，复杂问题被分解为元素的组成部分，而这些元素又按其属性及关系形成若干层次。这些层次可以分为三类：①最高层，又称顶层、目标层，这一层中只有一个元素，一般是解决问题的预定目标或理想结果；②中间层，又称准则层，这一层可以有多个子层，每一层可以有多个元素，它们包含了为实现目标所涉及的中间环节，这些环节往往是需要考虑的准则、子准则；③最底层，又称措施层、方案层，这一层包括了为实现目标可供选择的各种措施、决策或方案。在实际建模过程中，除最高层和最底层外，各元素受上层某一元素或某些元素的支配，同时又支配下层的某些元素；层次之间的支配关系可以是完全的，也可以是不完全的，即可以是隔层支配；递阶层次结构中的层数与问题的复杂程度有关，一般不受限制。

根据以上描述，本书最终构建的企业财务核心竞争力层次分析模型指标体系共有三层，最高层是企业财务核心竞争力，中间层包括构成企业财务核心竞争力的财务竞争基础、财务竞争机制和财务竞争表现三个要素，最底层则由所选的 11 个指标组成，分别构成了财务竞争基础指标、财务竞争机制指标以及财务竞争表现指标。本书按层次分析法的要求，构造了企业财务核心竞争力评价指标体系递阶层次结构模型，如图 6.1 所示。

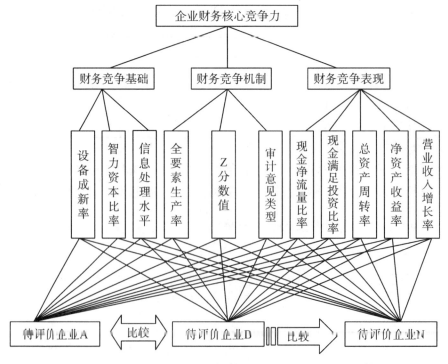

图 6.1 企业财务核心竞争力评价指标体系递阶层次结构模型

（2）构造判断矩阵

在明确企业财务核心竞争力评价指标体系递阶层次结构模型的基础上，下一步我们需要构造判断矩阵，将同层次内的各个财务核心竞争力指标进行重要性判断，并将财务核心竞争力指标间的重要性按照1~9级标度法进行量化。换句话说，就是依据层次分析法的原理和程序，聘请有关学术界和实务界的专家、学者，自上而下地对企业财务核心竞争力各层次指标进行两两重要程度的比较，构造判断矩阵。在实践中，9标度法易于操作，并且有比较好的效果。当然，也可以采用其他标度方法扩大数值范围或缩小数值范围。当重要度的情况用量化指标进行表示时，可以不设标度限制，而直接用指标数值之比得到相应的判断矩阵各向量的值。由于人们对于信息等级的分辨能力在7上下的两个区间内浮动，所以本书设定的标度为1~9，如表6.1所示。

表6.1　9标度表

标度 A_{gh}	定义
1	表示 g 指标与 h 指标相比，两个指标重要性相同
3	表示 g 指标与 h 指标相比，g 指标稍显重要
5	表示 g 指标与 h 指标相比，g 指标明显重要
7	表示 g 指标与 h 指标相比，g 指标非常重要
9	表示 g 指标与 h 指标相比，g 指标极端重要
2、4、6、8	表示介于上述相邻判断之间
倒数	当 g 与 h 两个指标的重要程度比较参数为 A_{gh} 时，则 h 与 g 两个指标的重要程度比较参数为 $A_{hg} = 1/A_{gh}$

（3）指标权重的估算

在企业财务核心竞争力评价指标体系的构建过程中，参考学界的现有研究，各项财务核心竞争力指标权重的估算方法包括"精确解法"和"近似解法"两种类型。如果我们对企业财务核心竞争力指标权重精度的要求不高，为了简便易操作，我们通常采用近似解法来估算企业财务核心竞争力各项指标的权重。根据 P 矩阵，我们求出最大特征根所对应的特征向量，这些求出的特征向量也就代表企业财务核心竞争力各评价指标的重要性排序，在此基础上，我们对企业财务核心竞争力各项指标的权数进行分配。同时，求解最大特征根和特征向量的近似解法分为"根法"和"和法"两种，本书参考陈洪转（2004）、方琳琳（2010）、张倩（2010）以及张倩和冯树清（2015）的研究，采用近似解法中的"根法"进行求解，具体步骤如下：

①计算一致性判断矩阵每一行元素的乘积 M_i。

$$M_i = \prod_{j=1}^{n} a_{ij} \quad (i, j = 1, 2, 3, \cdots, n)$$

②计算 M_i 的 n 次方根 K_i。

$$K_i = \sqrt[n]{M_i}$$

③对向量 $K = [K_1, K_2, K_3, \cdots, K_n]^T$ 作归一化处理或者正规处理，即

$$W_i = \frac{K_i}{\sum_{i=1}^{n} K_i}$$

$W = (W_1, W_2, W_3, \cdots, W_n)^T$ 即为所求的特征向量。

④估计最大特征值。

$$\lambda_{\max} = \frac{1}{n} \sum \frac{(Aw)_i}{w_i}$$

其中，$(Aw)_i$ 为 Aw 的第 i 个分量，$w = (w_1, w_2, w_3, \cdots, w_n)^T$。

6.2.3 判断矩阵的一致性检验

在采用层次分析法确定企业财务核心竞争力指标权重的过程中，由于涉及多个指标、多阶段判断，而评估专家、学者在评价企业财务核心竞争力各项指标重要性时往往会受到各自认识差异的影响，所以评价结果存在主观性和多元性，这会导致判断结果出现不协调的矛盾现象。因此，我们在对判断矩阵进行排序之前，首先要对判断矩阵进行一致性检验，从而确保判断矩阵的逻辑严密性和条理性。而且本书采用"近似解法"来估算企业财务核心竞争力指标的权重，进行判断矩阵的一致性检验还有助于排除明显违背常理的异常情况，从而在一定程度上确保"近似解法"估算的可靠性。

在前面估算最大特征值 $\lambda_{\max}$ 的基础上，本书通过如下公式来估算判断矩阵一致性指标 CI：

$$CI = \frac{\lambda_{max} - n}{n - 1}$$

如上式所示，参考方琳琳（2010）、张倩（2010）的研究，本书引入判断矩阵的最大特征根 $\lambda_{max}-n$ 与 $n-1$ 之比（CI）来刻画判断矩阵偏离一致性的程度，n 为阶数。需要说明的是，上述一致性指标 CI 的值与判断矩阵的阶数有关。如果要得到不同阶数判断矩阵都适用的一致性临界值，我们需要做指标转换，即查找平均随机一致性指标 RI 参考值（不同的标准不同，RI 的值也会有微小的差异），该 RI 值是多次（500 次以上）重复进行随机判断矩阵特征值的计算之后，取算术平均数得到的。龚木森和许树柏（1986）重复计算 1 000 次 1～15 阶的平均随机判断矩阵一致性指标如表 6.2 所示。在查找 RI 参考值的基础上，为了检验判断矩阵是否通过一致性检验，需要将 CI 与 RI 参考值进行对比，计算一致性比例 CR，其计算公式如下：

$$CR = CI/RI$$

若 CR<0.1，则该判断矩阵具有一致性；若 CR≥0.1，则说明该判断矩阵的一致性有待商榷，还要继续调整。

表 6.2　RI 参考值

n	1	2	3	4	5	6	7	8	9	10
RI	0	0	0.52	0.89	1.12	1.26	1.36	1.41	1.46	1.49

当判断矩阵的一致性检验通过后，可以用下列公式计算其一致性比例。

$$CR = \frac{CI}{RI} = \frac{\lambda_{max} - n}{(n - 1)RI}$$

（1）当 $n \leq 2$ 时，CR=0，则表明一阶、二阶的判断矩阵是一致的。

（2）当 $n>2$ 时，如果 CR 的值小于 0.1，一般认为判断矩阵的一致性是可以接受的；如果 CR 的值大于或等于 0.1，则认为该判断矩阵不具有一致性，应该调整判断值，直到判断矩阵通过一致性检验为止（方琳琳，2010）。

综上所述，企业财务核心竞争力评价指标权重估算的基本步骤如图 6.2 所示。

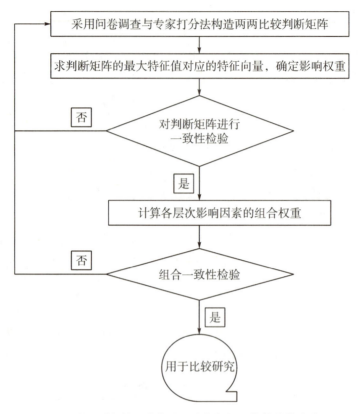

图 6.2　企业财务核心竞争力评价指标权重估算的基本步骤

6.2.4　各层评价指标权重的确定

根据层次分析法估算指标权重的原理和步骤，本书研究设计了相应的调查问卷。首先，邀请企业财务管理领域具有较高造诣的专家教授、部分上市公司的财务总监等组成层次分析专家打分小组，共发放问卷 15 份，对层次分析法问卷进行专家打分；其次，回收专家问卷调查结果并检查问卷的完整性，从而判断问卷的有效性，最终除了有 3 份信息不完整问卷之外，其他问卷均有效，有效问卷总计 12 份（有效率为 80%）；最后，以这 12 份有效问卷中的信息和数据为基础，根据前文阐述的基于层次分析法的指标权重估算步骤，我们估算出企业财务核心竞争力三个层次指标的权重，计算结果如表 6.3 至表 6.7 所示。

表 6.3　分层目标对总目标的影响权重计算

分层目标	A	B	C	对总目标的影响权重向量
A. 财务竞争基础	1	1/2	3	0.319 6
B. 财务竞争机制	2	1	4	0.558 4
C. 财务竞争表现	1/3	1/4	1	0.122 0
一致性检验：$CR = CI/RI = [(\lambda-n)/(n-1)]/RI = 0.017\,6 < 0.1$，通过一致性检验				

表 6.4　子目标对财务竞争基础的影响权重计算

子目标	A1	A2	A3	对财务竞争基础的影响权重向量
A1. 设备成新率	1	1/4	1/2	0.131 1
A2. 智力资本比率	4	1	4	0.660 8
A3. 信息处理水平	2	1/4	1	0.208 1
一致性检验：$CR = CI/RI = [(\lambda-n)/(n-1)]/RI = 0.051\,6 < 0.1$，通过一致性检验				

表 6.5　子目标对财务竞争机制的影响权重计算

子目标	B1	B2	B3	对财务竞争机制的影响权重向量
B1. 全要素生产率	1	4	3	0.625 0
B2. Z 分数值	1/4	1	1/2	0.136 5
B3.审计意见类型	1/3	2	1	0.238 5
一致性检验：$CR = CI/RI = [(\lambda-n)/(n-1)]/RI = 0.017\,6 < 0.1$，通过一致性检验				

表 6.6　子目标对财务竞争表现的影响权重计算

子目标	C1	C2	C3	C4	C5	对财务竞争表现的影响权重向量
C1. 现金净流量比率	1	3	3	1	5	0.328 8
C2.现金满足投资比率	1/3	1	1/2	1/7	1/2	0.063 8
C3. 总资产周转率	1/3	2	1	1/5	1	0.099 4
C4. 净资产收益率	1	7	5	1	5	0.417 1
C5. 营业收入增长率	1/5	2	1	1/5	1	0.090 9
一致性检验：$CR = CI/RI = [(\lambda-n)/(n-1)]/RI = 0.031\,3 < 0.1$，通过一致性检验						

表 6.7　企业财务核心竞争力指标权重汇总表

分层目标	权重 W_i	子目标	权重 W_{ij}	综合权重 W_v
财务竞争基础	0.319 6	设备成新率	0.131 1	0.041 9
		智力资本比率	0.660 8	0.211 2
		信息处理水平	0.208 1	0.066 5
财务竞争机制	0.558 4	全要素生产率	0.625 0	0.349 0
		Z 分数值	0.136 5	0.076 2
		审计意见类型	0.238 5	0.133 2
财务竞争表现	0.122 0	现金净流量比率	0.328 8	0.040 1
		现金满足投资比率	0.063 8	0.007 8
		总资产周转率	0.099 4	0.012 1
		净资产收益率	0.417 1	0.050 9
		营业收入增长率	0.090 9	0.011 1

6.3　评价指标的无量纲化

　　企业财务核心竞争力评价指标体系由多个层次、多个指标组成，其中既有定性指标，又有定量指标，而且即便是定量指标，各个指标的计量单位也不尽相同。因此，在指标属性、特征、计算量纲和单位各有不同的情况下，要做好企业财务核心竞争力评价首先就要对企业财务核心竞争力评价的各项指标做无量纲化处理，比如采用极差变换法尽可能消除上述差异性对评价结果的影响。具体来讲，采用极差变换法对企业财务核心竞争力评价指标进行无量纲化处理的步骤如下：

　　（1）对于正指标（指标值越大越好），令

$$y_{ij} = \frac{x_{ij} - x\min(i)}{x\max(j) - x\min(j)} \tag{6.1}$$

　　（2）对于负指标（指标值越小越好），令

$$y_{ij} = \frac{x\max(j) - x_{ij}}{x\max(j) - x\min(j)} \tag{6.2}$$

（3）对于适度指标（指标值落在某个区间为最好），令

$$y_{ij} = \begin{cases} 1 - \dfrac{L_{1j} - x_{ij}}{\max\{L_{1j} - x\min(j),\ x\max(j) - L_{2j}\}} & (x_{ij} < L_{1j}) \\ 1 & (L_{1j} \leqslant x_{ij} \leqslant L_{2j}) \\ 1 - \dfrac{x_{ij} - L_{2j}}{\max\{L_{1j} - x\min(j),\ x\max(j) - L_{2j}\}} & (x_{ij} > L_{2j}) \end{cases} \quad (6.3)$$

在公式（6.1）、公式（6.2）、公式（6.3）中，$x\max(j) = \max(x_{ij})$，$x\min(j) = \min(x_{ij})$，(L_{1j}, L_{2j}) 为适度区间。通过上述极差变换法，y_{ij} 变成了原始数据 x_{ij} 的无量纲化结果，其值被压缩在 $[0, 1]$ 内，且 y_{ij} 越大越好。

结合企业财务核心竞争力各项指标的内涵，企业财务核心竞争力评价指标既有正向指标也有适度指标，一项指标属于正向指标还是适度指标要根据实际情况而定。正向指标包括设备成新率、智力资本比率等，我们要采用公式（6.1）对这类指标数值做无量纲化处理；现金净流量比率是适度指标，其适度值为 100%，我们要采用公式（6.3）对这个指标进行极差变换。企业财务核心竞争力各评价指标的性质如表 6.8 所示。

表 6.8　企业财务核心竞争力各评价指标的性质

目标层	准则层	评价子目标	指标性质
企业财务核心竞争力	A. 财务竞争基础	A1. 设备成新率	正向
		A2. 智力资本比率	正向
		A3. 信息处理水平	正向
	B. 财务竞争机制	B1. 全要素生产率	正向
		B2. Z 分数值	正向
		B3. 审计意见类型	正向
	C. 财务竞争表现	C1. 现金净流量比率	适度
		C2. 现金满足投资比率	正向
		C3. 总资产周转率	正向
		C4. 净资产收益率	正向
		C5. 营业收入增长率	正向

6.4　企业财务核心竞争力综合评价模型构建

6.4.1　财务竞争基础子模型

运用层次分析法对财务竞争基础子模型各指标进行赋权，并用 X_{A1}、X_{A2}、X_{A3} 表示设备成新率指标、智力资本比率指标、信息处理水平指标，采用层次分析法估算财务竞争基础子模型各指标权重，得到设备成新率指标的权重 $W_1 = 0.131\ 1$，智力资本比率指标的权重 $W_2 = 0.660\ 8$，信息处理水平指标的权重 $W_3 = 0.208\ 1$。根据层次分析法确定的权重系数是客观合理的，符合当前企业发展的实际。最后，本书得出了企业财务竞争基础 X_A 的子模型，见公式（6.4）。

$$X_A = 0.131\ 1X_{A1} + 0.660\ 8X_{A2} + 0.208\ 1X_{A3} \qquad (6.4)$$

6.4.2　财务竞争机制子模型

运用层次分析法对财务竞争机制子模型各指标进行赋权，并用 X_{B1}、X_{B2}、X_{B3} 表示全要素生产率指标、Z 分数值指标、审计意见类型指标，采用层次分析法估算财务竞争基础子模型各指标权重，得到全要素生产率指标的权重 $W_4 = 0.625\ 0$，Z 分数值指标的权重 $W_5 = 0.136\ 5$，审计意见类型指标的权重 $W_6 = 0.238\ 5$。根据层次分析法确定的权重系数是客观合理的，符合当前企业发展的实际。最后，本书得出了企业财务竞争机制 X_B 的子模型，见公式（6.5）。

$$X_B = 0.625\ 0X_{B1} + 0.136\ 5X_{B2} + 0.238\ 5X_{B3} \qquad (6.5)$$

6.4.3　财务竞争表现子模型

采用层次分析法对财务竞争表现子模型各指标进行赋权，并用 X_{C1}、X_{C2}、X_{C3}、X_{C4}、X_{C5} 表示现金净流量比率指标、现金满足投资比率指标、总资产周转率指标、净资产收益率指标、营业收入增长率指标，采用层次分析法估算财务竞争表现子模型各指标权重，得到现金净流量比率指标的权重 $W_7 = 0.328\ 8$，现金满足投资比率指标的权重 $W_8 = 0.063\ 8$，总资产周转率指标的权重 $W_9 = 0.099\ 4$，净资产收益率指标的权重 $W_{10} = 0.417\ 1$，营业收入增长率指标的权重 $W_{11} = 0.090\,9$。根据层次分析法确定的权重系数是客观合理的，符合当前企业发展的实际。最后，本书得出了企业财务竞争表现 X_C 的子模型，见公式（6.6）。

$$X_C = 0.328\,8X_{C1} + 0.063\,8X_{C2} + 0.099\,4X_{C3} + 0.417\,1X_{C4} + 0.090\,9X_{C5}$$

$$(6.6)$$

6.4.4 财务核心竞争力综合评价模型

将上述财务竞争基础子模型、财务竞争机制子模型、财务竞争表现子模型3个子模型合并归一后，最终得出企业财务核心竞争力综合评价模型，见公式（6.7）。

$$X = 0.041\,9X_{A1} + 0.211\,2X_{A2} + 0.066\,5X_{A3} + 0.349\,0X_{B1} + 0.076\,2X_{B2} +$$
$$0.133\,2X_{B3} + 0.040\,1X_{C1} + 0.007\,8X_{C2} + 0.012\,1X_{C3} + 0.050\,9X_{C4} +$$
$$0.011\,1X_{C5}$$

$$(6.7)$$

再将公式（6.7）进行简化合并归一后，可以得到企业财务核心竞争力 X 的综合评价模型，见公式（6.8）。

$$X = 0.319\,6X_A + 0.558\,4X_B + 0.122\,0X_C \qquad (6.8)$$

6.5 企业财务核心竞争力评价模型的应用及验证

本章以重庆渝开发股份有限公司的实际发展情况为例，对企业财务核心竞争力的评价模型进行验证。为了验证指标体系的合理性，随机抽取该公司 2002—2021 年的有关资料和数据作为评价指标应用的样本，这样可以较大限度地保证资料的一致性与可比性。

6.5.1 案例公司的选择

重庆渝开发股份有限公司（以下简称"渝开发"，证券代码为 000514）是重庆市城市建设投资（集团）有限公司控股的国有骨干子企业。渝开发前身是 1978 年 12 月 2 日成立的重庆市城市住宅统建办公室。1992 年 5 月，经原重庆市经济体制改革委员会渝改委〔1992〕33 号文批准改制为股份有限公司，将生产性资产 3 582 万元转为 3 582 万股国家股。同年 6 月，向社会公开发行 1 800 万股公众股。1992 年 9 月 8 日，公司宣告成立。次年

7月12日，"渝开发A"在深交所上市，成为重庆首家房地产开发企业，是重庆首批上市3家企业之一，也是重庆首家上市房地产开发企业。1999年8月，经临时股东大会审议通过，公司由"重庆市房地产开发股份有限公司"更名为"重庆渝开发股份有限公司"。截至2021年，公司注册资本8.437 7亿元，总股本为8.437 7亿元，其中：公开发行2.858亿元，约占33.88%；第一大法人持股5.331亿元，约占63.19%；其他股东和实际控制人持股0.247 3亿元，约占2.93%。

经过数十年发展，渝开发聚焦主业、深耕巴渝，响应市委、市政府号召，先后参与建设了重庆首批市级公租房小区康居西城、重庆市最大规模的公租房小区城南家园等多个保障房项目，建设了重庆第一个轨道上盖超高层建筑新干线大厦、超高层甲级写字楼国汇中心等多个区域地标性建筑，相继开发建设了星河one、格莱美城、橄榄郡、祈年悦城、渝悦江宸、贯金和府、南樾天宸、凤天锦园、山与城等一大批高品质住宅项目，为实现"居者有其屋"和"居者优其屋"贡献了渝开发的智慧和担当（艾云，2023）。在业务范围方面，渝开发已将原先的主营业务房地产开发与经营，拓展到实施土地整治、物业管理、工程监理、建筑材料经销、房地产信息咨询、代办拆迁等领域，逐步形成以房地产开发为主业，会展经营、物业管理、资产经营三大支撑业务齐头并进，租赁住房、城市更新、非房产业投资等创新领域协同发展的业务体系（艾云，2023）。然而，渝开发在快速发展的同时也遇到了如何保持财务竞争优势的问题，但它通过全方位财务管理创新、跨越式发展的财务战略转型，努力实现做大做强做优，力争成为重庆市的优质企业。

6.5.2 评价模型的应用及验证

（1）指标数据搜集和预处理

本书根据前文所构建的企业财务核心竞争力评价指标体系，搜集了渝开发2002—2021年的相关指标数据，经计算后，得出企业财务核心竞争力评价模型各项指标的数据值，表6.9列示了渝开发历年相关指标的原始数据。在这些数据的基础上，本书采用极差变换法，将单位量纲不一致的指标数据转换至区间［0，10］，以便于进一步分析，采用极差变换法处理后的数据如表6.10所示。本书所使用的各项指标原始数据主要来自国泰安CSMAR数据库、巨潮资讯网以及渝开发历年发布的公司年报等。

（2）验证评价模型的精度

结合表6.10的渝开发历年相关指标预处理后的数据，我们首先代入上一节构建的企业财务核心竞争力评价子模型［模型(6.4)—模型(6.6)］，分别对财务竞争基础子模型、财务竞争机制子模型和财务竞争表现子模型进行计算分析，得到渝开发历年财务核心竞争力评价各子模型的评价结果（见表6.11第2列至第4列）。其次，我们进一步将计算结果代入财务核心竞争力综合评价模型［模型(6.7)和模型(6.8)］进行计算，得出渝开发历年财务核心竞争力综合指数（见表6.11最后一列）。最后，我们根据渝开发历年财务核心竞争力综合指数数值绘制其历年财务核心竞争力变化趋势图及其构成要素发展变化图（见图6.3和图6.4）。

表 6.9　渝开发历年相关指标的原始数据

指标	2002 年	2003 年	2004 年	2005 年	2006 年	2007 年	2008 年
设备成新率	0.912 6	0.900 0	0.855 6	0.916 0	0.909 9	0.997 5	0.999 4
智力资本比率	0.190 9	0.250 0	0.306 0	0.383 5	0.341 7	0.422 0	0.357 1
信息处理水平	采用信息处理系统	采用信息处理系统	采用信息处理系统	采用信息处理系统	采用信息处理系统	采用信息处理系统	采用信息处理系统
全要素生产率	4.507 6	5.366 4	6.123 8	5.893 4	5.593 9	6.537 3	6.504 3
Z 分数值	6.203 6	0.860 5	2.436 9	0.705 5	0.638 2	1.751 4	1.132 6
审计意见类型	无保留	无保留	无保留	无保留	无保留	无保留	无保留
现金净流量比率	0.791 9	-0.599 7	2.218 6	-0.079 1	0.262 2	0.752 8	-0.251 9
现金满足投资比率	-0.837 0	2.398 2	0.423 1	-0.387 6	0.376 9	0.208 3	0.157 9
总资产周转率	0.163 2	0.123 9	0.468 5	0.127 9	0.094 0	0.183 8	0.134 1
净资产收益率	0.072 5	0.122 2	0.173 1	0.003 9	0.003 6	0.074 8	0.059 9
营业收入增长率	26.388 6	4.918 4	7.421 3	0.169 6	-0.379 6	3.864 8	0.367 9
指标	2009 年	2010 年	2011 年	2012 年	2013 年	2014 年	2015 年
设备成新率	0.985 3	0.969 7	0.950 8	0.957 3	0.960 2	0.961 1	0.955 8
智力资本比率	0.395 1	0.185 4	0.196 5	0.190 5	0.254 4	0.247 5	0.256 5
信息处理水平	采用信息处理系统	采用信息处理系统	采用信息处理系统	采用信息处理系统	采用信息处理系统	采用信息处理系统	采用信息处理系统
全要素生产率	6.623 8	6.196 3	6.287 1	5.518 6	5.931 5	6.661 0	6.150 2

表6.9(续)

指标	2009 年	2010 年	2011 年	2012 年	2013 年	2014 年	2015 年
Z 分数值	2.304 9	2.662 0	1.801 5	1.310 4	1.119 9	1.713 1	2.157 1
审计意见类型	无保留	无保留	带强调事项段的无保留意见	无保留	无保留	无保留	无保留
现金净流量比率	-0.265 6	-0.142 4	-0.483 5	-0.257 8	0.069 5	-0.074 8	0.017 7
现金满足投资比率	0.015 3	-0.125 9	-0.222 6	-0.207 9	-0.119 2	-0.050 1	0.005 5
总资产周转率	0.130 1	0.169 8	0.171 4	0.089 9	0.120 6	0.250 0	0.157 0
净资产收益率	0.069 3	0.066 8	0.078 6	0.009 7	0.029 1	0.031 9	-0.030 2
营业收入增长率	1.736 3	-0.409 1	4.589 6	0.229 3	1.683 7	0.124 8	0.018 5

指标	2016 年	2017 年	2018 年	2019 年	2020 年	2021 年
设备成新率	0.943 3	0.939 8	0.933 9	0.948 0	0.945 8	0.942 7
智力资本比率	0.274 3	0.242 5	0.241 9	0.253 3	0.256 1	0.278 0
信息处理水平	采用信息处理系统	采用信息处理系统	采用信息处理系统	采用信息处理系统	采用信息处理系统	采用信息处理系统
全要素生产率	5.787 6	6.461 3	5.785 4	6.247 0	5.893 4	6.537 3
Z 分数值	2.855 3	2.202 7	1.357 1	2.057 4	1.414 6	1.501 1
审计意见类型	无保留	无保留	无保留	无保留	无保留	无保留
现金净流量比率	0.137 0	0.439`4	0.196 8	0.082 9	-0.441 1	0.135 1
现金满足投资比率	0.005 3	0.076 1	0.125 5	0.125 1	-0.060 4	-0.056 1
总资产周转率	0.103 7	0.165 0	0.082 2	0.133 1	0.081 7	0.141 5
净资产收益率	0.023 0	0.028 5	0.012 6	0.072 8	0.035 2	0.050 4
营业收入增长率	0.209 0	0.780 1	0.219 9	10.630 0	7.778 8	16.435 3

表 6.10 渝开发历年相关指标预处理后的数据

指标	2002 年	2003 年	2004 年	2005 年	2006 年	2007 年	2008 年
设备成新率	3.967 2	3.088 0	0.000 0	4.204 1	3.778 0	9.873 5	10.000 0
智力资本比率	0.234 2	2.731 2	5.096 3	8.370 6	6.604 7	10.000 0	7.258 6
信息处理水平	10.000 0	10.000 0	10.000 0	10.000 0	10.000 0	10.000 0	10.000 0
全要素生产率	0.000 0	3.988 2	7.505 5	6.435 5	5.044 6	9.425 5	9.272 4
Z 分数值	10.000 0	0.399 3	3.231 8	0.121 0	0.000 0	2.000 2	0.888 2
审计意见类型	10.000 0	10.000 0	10.000 0	10.000 0	10.000 0	10.000 0	10.000 0

表6.10(续)

指标	2002 年	2003 年	2004 年	2005 年	2006 年	2007 年	2008 年
现金净流量比率	4.937 9	0.000 0	10.000 0	1.847 1	3.058 2	4.799 1	1.234 1
现金满足投资比率	0.000 0	10.000 0	3.894 8	1.388 8	3.752 1	3.231 1	3.075 1
总资产周转率	2.108 7	1.091 6	10.000 0	1.196 4	0.319 8	2.641 6	1.355 5
净资产收益率	5.050 1	7.493 7	10.000 0	1.677 2	1.665 4	5.166 7	4.433 6
营业收入增长率	10.000 0	1.988 0	2.922 0	0.215 9	0.011 0	1.594 9	0.289 9

指标	2009 年	2010 年	2011 年	2012 年	2013 年	2014 年	2015 年
设备成新率	9.024 6	7.939 1	6.624 7	7.074 1	7.279 9	7.337 4	6.972 0
智力资本比率	8.860 9	0.000 0	0.471 8	0.215 9	2.918 9	2.624 6	3.007 2
信息处理水平	10.000 0	10.000 0	10.000 0	10.000 0	10.000 0	10.000 0	10.000 0
全要素生产率	9.827 4	7.841 9	8.263 8	4.695 2	6.612 4	10.000 0	7.628 1
Z 分数值	2.994 7	3.636 4	2.090 2	1.207 8	0.865 4	1.931 3	2.729 2
审计意见类型	10.000 0	10.000 0	10.000 0	10.000 0	10.000 0	10.000 0	10.000 0
现金净流量比率	1.185 7	1.622 8	0.412 5	1.213 2	2.374 6	1.862 6	2.190 9
现金满足投资比率	2.634 4	2.197 8	1.898 9	1.944 5	2.218 8	2.432 1	2.604 1
总资产周转率	1.251 8	2.279 7	2.320 0	0.213 0	1.007 3	4.351 1	1.947 1
净资产收益率	4.892 7	4.770 3	5.353 5	1.965 9	2.916 7	3.053 3	0.000 0
营业收入增长率	0.800 6	0.000 0	1.865 3	0.238 2	0.781 0	0.199 2	0.159 5

指标	2016 年	2017 年	2018 年	2019 年	2020 年	2021 年
设备成新率	6.100 3	5.858 6	5.445 5	6.425 5	6.272 3	6.057 2
智力资本比率	3.757 6	2.414 7	2.388 6	2.869 1	2.988 8	3.913 4
信息处理水平	10.000 0	10.000 0	10.000 0	10.000 0	10.000 0	10.000 0
全要素生产率	5.944 3	9.072 6	5.934 0	8.077 5	6.435 5	9.425 6
Z 分数值	3.983 7	2.811 1	1.291 8	2.549 9	1.395 0	1.550 5
审计意见类型	10.000 0	10.000 0	10.000 0	10.000 0	10.000 0	10.000 0
现金净流量比率	2.614 2	3.687 0	2.826 2	2.422 0	0.562 8	2.607 2
现金满足投资比率	2.603 3	2.822 4	2.975 1	2.973 7	2.400 2	2.413 8
总资产周转率	0.570 2	2.155 3	0.013 8	1.331 2	0.000 0	1.547 1
净资产收益率	2.618 2	2.887 8	2.104 3	5.064 1	3.219 9	3.963 0
营业收入增长率	0.230 7	0.443 8	0.234 7	4.119 4	3.055 4	6.285 8

数据来源：根据表6.9的数据资料整理计算得到。

表 6.11　渝开发历年财务核心竞争力评价指标数值

年份	财务竞争基础	财务竞争机制	财务竞争表现	财务核心竞争力综合指数
2002	2.755 9	3.750 0	4.848 6	3.566 3
2003	4.290 6	4.932 1	4.052 8	4.619 8
2004	5.448 6	7.517 1	8.967 1	7.032 9
2005	8.163 5	6.423 7	1.534 1	6.383 2
2006	6.940 7	5.537 9	1.972 3	5.551 2
2007	9.983 4	8.549 0	4.346 6	8.494 7
2008	8.188 5	8.301 5	2.612 3	7.571 3
2009	9.119 4	8.935 9	2.795 9	8.245 5
2010	3.121 8	7.782 6	2.890 1	5.696 1
2011	3.261 3	7.835 2	2.889 9	5.770 0
2012	3.151 1	5.484 3	1.385 8	4.238 6
2013	4.964 2	6.635 9	2.310 0	5.573 9
2014	4.777 3	8.898 6	2.491 7	6.799 8
2015	4.982 2	7.525 1	1.094 5	5.927 9
2016	5.363 8	6.643 9	2.195 3	5.692 1
2017	4.444 7	8.439 1	2.851 4	6.480 8
2018	4.373 3	6.270 1	2.019 5	5.145 3
2019	4.819 3	7.781 5	3.605 2	6.325 2
2020	4.878 3	6.597 6	1.959 0	5.482 2
2021	5.461 1	8.487 6	3.389 4	6.898 4

数据来源：根据表 6.10 的数据资料及相关计算方法整理计算得到。

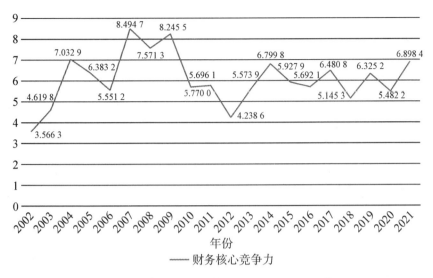

图 6.3 渝开发历年财务核心竞争力变化趋势

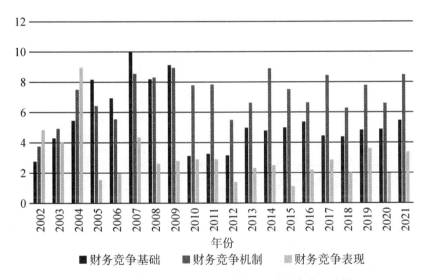

图 6.4 渝开发历年财务核心竞争力构成要素发展变化

从表 6.11 的渝开发历年财务核心竞争力各子模型的评价结果和财务核心竞争力综合指数以及图 6.3 的变化趋势来看，2002—2004 年，渝开发的财务核心竞争力呈现飞跃式上升，但从 2004 年后到 2006 年，渝开发的财务核心竞争力总体趋势又出现急剧下降。此后，在 2007 年，其企业财务核心竞争力达到最高值。2008 年下半年以后到 2012 年上半年，渝开发的财务核心竞争力又急速下滑，直到 2012 年下半年，渝开发的财务核心竞争力才开始回升。2013—2021 年，渝开发的财务核心竞争力呈现出一个较为稳定波动的趋势。结合渝开发的发展历程，我们也了解到 1999—2024 年，渝开发的财务管理水平从具备良好的财务核心竞争力到经受 ST 处理再到重生的发展历程。上市后到 1998 年，凭借着雄厚的财务实力，渝开发度过了一段迅速发展的岁月。黄奇帆（2023）指出，渝开发 1998 年收购了江北污水处理厂使得渝开发每股收益创纪录地达到了 0.59 元，每股净资产也达到了 2.49 元，这与公司优化财务行为、构建合理的财务投资结构以及较为缜密的财务可行性分析密切相关（段海瑞，2003）。因此，当时渝开发的财务核心竞争力各模块指标值及其综合指数（除财务竞争基础外）也相对较高。

但 1999 年渝开发整体业绩出现断崖式下跌，多方面的问题开始浮出水面。这一年，渝开发主营业务收入和净利润分别同比下降 59.40% 和 70%，每股收益大幅缩水，降至历史低点，这与渝开发盲目投资、主业不鲜明、持续盈利能力减弱等紧密相关，也就是渝开发做出了与当时所处理财环境不协调、不适应的财务决策：一是并没有把房地产作为自己的主业，未能充分发挥自身业务优势。二是投资自身不熟悉的领域与产业，盲目进行多元化经营，包括整体并购奉节长江大桥建设有限责任公司并投资建设奉节长江公路大桥，同时入股上海品杰防伪技术股份有限公司，从事"电码防伪技术——计算机查询系统"的开发，大刀阔斧地进入桥梁建设、信息技术产业当中。三是渝开发对市场发展方向判断失误。当时渝开发管理层认为，渝开发商品房销售收入降低是因为市场上的购房主体已经由集团购买向个人购买转变，这一转变使市场上的购买能力急剧下降，因此渝开发进行了业务转型，这一错误决策导致公司错过了做大主业的最好机遇，也丧失了当时房地产行业整体复苏所带来的市场红利，与公司实现可持续发展的财务目标大相径庭（段海瑞，2003）。到 2000 年，公司主营业务收入下降 12.56%，净利润下降 95.74%，每股收益仅为 0.004 元。

2001 年是渝开发成立以来最难熬的一年，在这一年，公司亏损额达 1.03 亿元，每股收益更是降为负值，总资产减少 1.61 亿元，下降幅度超过 30%，净资产由 1.8 亿元锐减至 2 802 万元，负债高达 3.07 亿元，其中逾期未还贷款超过亿元，整体负债率已超过 90%，银行逾期贷款额就达 1.95 亿元，多方债主讨债导致渝开发所面临的诉讼接连不断。公司内忧外患、举步维艰，甚至一度面临破产风险。由于净资产低于注册资本，被深交所特别处理为"ST"渝开发（张玉昌 等，2003）。2002 年，渝开发的财务核心竞争力下降到最低，仅 3.566 3 分，不及满分（10 分）的 40%。短短 3 年时间，渝开发全面衰落。

2002 年起，在社会各界的大力支持下，渝开发为了改变现状在各方面采取了一系列的措施，尤其是在财务管理方面大刀阔斧地进行改革。首先是改组领导机构，调整内部财务组织结构，确定相互之间的权责关系，并对财务人员采取竞争上岗的方法进行选拔，引进了一批高学历、高职称且具有财务管理工作经验的实战专家（精通资本市场的运作、投融资管理以及拥有良好的职业道德素质）。其次，收缩战线，清理门户，对不切实际的多角化经营、不能盈利或者有潜在亏损的投资进行清理，集中力量搞好主营业务。2002 年 3 月 7 日，渝开发召开董事会临时会议决定转让上海兴业防伪网络产业有限公司 45% 的股权，及时止损。2002 年 4 月 26 日，渝开发以 6 500 万元出售唐家桥污水处理厂。在这一系列操作之后，渝开发以内部条件和外部环境的互补为前提，创造性地提出了一种通过盘活渝开发的存量资产来盘活不良债务的重组方式，通过资产与债务重组来实现公司资产质量与业绩的提升，以增强公司的财务竞争力，这是一条完全符合市场规则的创新型重组道路，被誉为"第四种模式"[1]。渝开发冷静客观地分析了自身条件及其所面临的外部理财环境，结合自身外债多、债权多的特点，理顺各方的财务关系，确定了紧密围绕化解债务、维护债权开展工作的方针，开创性地走出了一条为外界所称道的资产重组之路，盘活了资产，增强了资产的流动性及盈利能力，从而减轻了公司的资产压力。同时，也可能降低债务产生的财务费用，对于已计提了减值准备的重组债务，还可以提高上市公司的净资产与业绩，增强公司的财务竞争力。2002—2004 年，渝开发的财务核心竞争力综合指数由 3.566 3 上升至

---

[1] 我国上市公司资产重组主要有以下四种模式：第一种是"买壳"，就是新控股股东把资产注入一家市值较低的已上市公司，得到该公司一定程度的控股权，然后进行资产重组并上市，以此来盘活被 ST 上市公司的资产。第二种是将大股东的优良资产与上市公司的不良资产进行置换，通过这种方式把上市公司的不良资产剥离，并通过注入优质资产提升上市公司的盈利能力和盈利质量，从而达到优化上市公司资源配置的目的。这种方法操作简单、程序简单，因此被我国上市公司普遍采用。第三种是通过不对等关联交易"输血"，即大股东与上市公司通过不对等的"关联交易"向上市公司输送"利润"，从而帮助上市公司渡过难关。第四种便是通过盘活存量资产来盘活不良债务，即通过资产与债务重组来实现企业资产质量与业绩的提升的模式。

7.032 9，打破了低迷的发展态势。尽管 2005 年和 2006 年，渝开发因为业务结构调整，企业财务核心竞争力综合指数有所回调，但总体上已经扭转了之前的风险境况，直到 2007 年企业财务核心竞争力达到了峰值 8.494 7。2008 年以后，受"次贷危机"的影响，全球房地产市场走向低迷，渝开发主营业务受到整个市场的冲击，业绩有所下滑，对应的 2008—2012 年渝开发财务核心竞争力也急剧下滑。直到 2013 年，随着"次贷危机"后的经济复苏和房地产市场回暖，渝开发的财务核心竞争力综合指数逐步攀升至 5.573 9，并在此后 8 年维持在 5.145 3 ~ 6.898 4，财务核心竞争力趋于稳定。

从上述案例分析可知，渝开发 2002—2021 年的财务状况变化和财务核心竞争力实际状况与本书所构建的企业财务核心竞争力评价模型分析得出的结论基本一致，由此可见，利用该模型评价企业财务核心竞争力比较科学和稳健。因此，对于其他行业的各类上市公司，其财务核心竞争力的现状分析、财务核心竞争力的评价以及培育和提高财务核心竞争力的途径，都可以按上述方法进行分析与研究，进而得出相应的对策建议。

7 企业财务核心竞争力评价指标体系的应用
——以重庆上市公司为例

7.1 重庆上市公司财务核心竞争力概况

7.1.1 重庆区位优势及上市公司情况

重庆市，简称"渝"，是我国中西部唯一的直辖市和超大城市，是国务院批复的国家重要中心城市之一。重庆是全国先进制造业基地、西部金融中心、西部科技创新中心、国际性综合交通枢纽城市和对外开放门户，是长江上游地区经济、金融、科创、航运和商贸物流中心，是全国唯一兼具五种类型的国家物流枢纽，在西部大开发中发挥支撑作用，在共建"一带一路"倡议中发挥带动作用，在长江经济带中发挥示范作用（韩毅，2019）。

重庆市现辖 38 个区县，总面积 8.24 万平方千米，现有国家重点实验室 12 个，国家级工程技术研究中心 10 个，普通高等教育学校 72 所，成人高校 3 所，军队院校 2 所，还有中国（重庆）自由贸易试验区、中新（重庆）战略性互联互通示范项目、两江新区、渝新欧国际铁路等战略项目（黄斌 等，2018）。重庆在西南地区和长江上游地区都处于经济中心地位，是水、陆、空运输交通枢纽，经济发展的基础和前景较好，拥有大工业、大农业、大交通等显著特征。同时，重庆拥有渝新欧国际铁路、西永综合保税区、两路果园港综合保税区，是西部地区第 2 座实行 72 小时免签的城市。重庆本身拥有能够带动其经济发展的支柱型产业，以及生产、销售规模可观的强势产品。2023 年底，重庆市常住人口有 3 191.43 万，地区生产总值达到 30 145.79 亿元。

党的十八大以来，习近平总书记三次来到重庆，从战略和全局的高度审视谋划重庆的发展。2016 年 1 月，"十三五"开局之年，新年首次地方考察，习近平总书记听取了长江上游航运中心建设、现代化港口群布局、铁路公路水路联运、渝新欧国际铁路开行等情况介绍，了解了重庆推动长江经济带发展、共建"一带一路"、扩大内陆地区开放开发以及功能区生态文明建设的情况（申亚欣 等，2016；曾睿，2016；陈钧 等，2016）；随后指出，共建"一带一路"倡议为重庆提供了"走出去"的更大平台，推动长江经济带发展为重庆提供了更好融入中部和东部的重要载体，重庆发展潜力巨大、前景光明（常碧罗，2022）。2016 年 1 月 5 日，重庆召开推动长江经济带发展座谈会，习近平总书记在会上开门见山地提出"共抓大保护、不搞大开发"，这成为长江经济带发展的主旋律，同时他强调了创新、协调、绿色、开放、共享的新发展理念，明确了"十三五"乃至更长时期我国的发展思路、发展方向和发展着力点。2016 年也是长江经济带发展全面推进之年。

2019 年 4 月，在脱贫攻坚战进入决胜的关键阶段，习近平总书记在重庆主持召开解决"两不愁三保障"突出问题座谈会。那一年正值西部大开发战略提出的 20 周年，习近平总书记要求重庆更加注重从全局谋划一域、以一域服务全局，努力在推进新时代西部大开发中发挥支撑作用，在推进共建"一带一路"中发挥带动作用，在推进长江经济带绿色发展中发挥示范作用，在推进西部大开发形成新格局中展现新作为、实现新突破（新华社，2019；常碧罗，2022）。

2024 年是实现"十四五"规划目标任务的关键一年。全国上下正在以高质量发展全面推进中国式现代化，习近平总书记此时来到重庆实地调研，指导重庆因地制宜发展新质生产力、加强区域协调发展、推动高质量发展。他强调，重庆要对标新时代新征程党的中心任务和党中央赋予的使命，充分发挥比较优势、后发优势，进一步全面深化改革开放，主动服务和融入新发展格局，着力推动高质量发展，奋力打造新时代西部大开发重要战略支点、内陆开放综合枢纽，在发挥"三个作用"上展现更大作为，不断谱写中国式现代化重庆篇章。

确切地说，1997 年重庆直辖以来，重庆像一条"巨龙"开始了新的腾飞。重庆以中央成立直辖市、三峡大坝工程建设和西部大开发三大重要战略政策为依托，以"一圈两翼"和"一小时经济圈"为战略指导，将目光聚焦于经济结构和经济体制改革，一边完善基础设施建设，一边加大开放力度，全面提高重庆综合实力，全方位促进重庆经济发展，使其主要经济指标在全国一直稳居前列。新时代，重庆持续推进现代化建设，按照中央战略部署继续紧抓发展机遇，稳步构建符合重庆自身发展状况的新格局。重庆作为"一带一路"和长江经济带的支点和重点地区，积极跻身国际国内贸易舞台，深入贯彻开放理念，努力建成内陆开放高地，引领和带动周边地区的经济发展。重庆能取得这些可喜的成绩主要得益于证券市场中逐步发展壮大起来的上市公司，30多年间，这些上市公司稳步发展，不断扩大企业规模、调整经营结构，其资产质量越来越高，收入获利增长迅速，企业核心竞争力不断提升，重要性持续增强，在稳定经济、引领创新、吸纳就业等方面发挥着"压舱石"的作用，有力助推了宏观经济大盘整体好转，也夯实了重庆资本市场健康发展的基础。

当前，重庆不仅有一大批如长安汽车、重庆百货这样竞争力强的老牌上市公司，还有不少优质企业和集团正在筹备上市。截至2024年2月，重庆辖区共有79家上市公司（见表7.1）。总体来讲，重庆上市公司发展经历了以下三个阶段：

第一阶段：快速发展阶段（1993—2003年）。西南药业股份有限公司于1993年7月12日在上交所上市，重庆市房地产开发股份有限公司（现为"重庆渝开发股份有限公司"）、重庆渝港钛白粉股份有限公司（现为"攀钢集团重庆钛业股份有限公司"）于1993年7月12日在深交所上市，成为重庆最早公开上市的3家企业，之后有不少企业也随之挂牌上市。从1992年重庆丰华股份有限公司在上交所上市到2023年，重庆共有24家企业在A股成功上市。除在内地上市外，香港金融市场也能看到重庆企业的身影，庆铃汽车（集团）有限公司和重庆钢铁（集团）有限责任公司分别于1994年和1997年在香港上市。

第二阶段：缓慢发展阶段（2004—2013年）。在这个阶段，我们国家开始设立中小企业板，这一阶段重庆共新增13家上市公司。

第三阶段：全面发展阶段（2014年至今）。在这个阶段，我国资本市场开设"科创板"并全面实行注册制等，为企业申请上市创造了良好机遇。重庆上市公司的发展促进了区域内企业制度的变革和产品的更新，促进了产业结构的调整，带动了区域经济发展，提升了重庆市企业的整体竞争力，成为重庆经济发展的"助推器"和中坚力量。2024 年初，重庆共有 79 家企业在境内上市，其中，"专精特新"企业 14 家，占 17.72%；重庆在境内上市的民营企业数量占全市在境内上市公司的 57.14%，资产规模占 17.76%，市值占比超四成，研发费占 46.85%，研发费用占营业收入比重高于重庆境内上市公司平均水平 0.66 个百分点。

可见，重庆作为西部地区唯一的直辖市，拥有极其重要的战略地位及发展优势。因此，我们要抓住重庆现有的发展机遇，认清当前证券市场的形势，选准优势产业，培育一批具有竞争力的拟上市公司，依托优势企业规模扩张，带动上市公司产业结构调整，从而提高现有上市公司的业绩，以带动区域经济发展。

表 7.1　重庆辖区上市公司名录（截至 2024 年 2 月）

序号	证券代码	证券简称	董事长	注册地址
1	000514.SZ	渝开发	艾×	重庆市渝中区中山三路×××号投资大厦××层
2	000565.SZ	渝三峡 A	张××	重庆市江津区德感工业园区
3	000591.SZ	太阳能	张××	重庆市渝中区中山三路×××号希尔顿商务中心××楼 G
4	000625.SZ	长安汽车	朱××	重庆市江北区建新东路×××号
5	000656.SZ	金科股份	周×	重庆市江北区复盛镇正街（政府大楼）
6	000736.SZ	中交地产	李××	重庆市江北区建新北路××号
7	000788.SZ	北大医药	齐××	重庆市北碚区水土镇方正大道××号
8	000838.SZ	财信发展	贾×	重庆市江北区红黄路×号×幢××楼
9	000892.SZ	欢瑞世纪	赵××	重庆市涪陵区人民东路××号
10	000950.SZ	重药控股	袁×	重庆市渝北区金石大道×××号
11	001296.SZ	长江材料	熊×	重庆市北碚区童家溪镇五星中路×号
12	001317.SZ	三羊马	邱××	重庆市沙坪坝区土主镇土主中路×××号附×-××号
13	001328.SZ	登康口腔	邓×	重庆市江北区海尔路×××号
14	001696.SZ	宗申动力	左××	重庆市巴南区炒油场（渝南大道×××号）
15	002004.SZ	华邦健康	张××	重庆市渝北区人和星光大道××号

序号	证券代码	证券简称	董事长	注册地址
16	002168.SZ	惠程科技	艾××	重庆市璧山区璧泉街道双星大道××号×幢×-×
17	002507.SZ	涪陵榨菜	高×	重庆市涪陵区江北街道办事处二渡村×组
18	002558.SZ	巨人网络	史××	重庆市南岸区江南大道×号万达广场×栋×层
19	002742.SZ	ST三圣	严×	重庆市北碚区三圣镇街道
20	002765.SZ	蓝黛科技	朱××	重庆市璧山区璧泉街道剑山路×××号
21	002872.SZ	ST天圣	刘×	重庆市朝阳工业园区（垫江桂溪）
22	002907.SZ	华森制药	游××	重庆市荣昌区工业园区
23	002968.SZ	新大正	李××	重庆市渝中区虎踞路××号×-×#
24	002996.SZ	顺博合金	王××	重庆市合川区草街拓展园区
25	003006.SZ	百亚股份	冯××	重庆市巴南区麻柳沿江开发区百亚国际产业园
26	200054.SZ	建车B	范××	重庆市巴南区花溪工业园建设大道×号
27	300006.SZ	莱美药业	梁××	重庆市南岸区玉马路××号
28	300122.SZ	智飞生物	蒋××	重庆市江北区庆云路×号××层
29	300194.SZ	福安药业	汪××	重庆市长寿区化南一路×号
30	300275.SZ	梅安森	马×	重庆市九龙坡区福园路××号
31	300363.SZ	博腾股份	居××	重庆市（长寿）化工园区精细化工×区
32	301107.SZ	瑜欣电子	胡××	重庆市九龙坡区高腾大道×××号
33	301121.SZ	紫建电子	朱××	重庆市开州区赵家街道浦里工业新区×-×号楼
34	301307.SZ	美利信	余××	重庆市巴南区天安路×号附×号，附×号
35	301397.SZ	溯联股份	韩××	重庆市江北区港宁路××号
36	301526.SZ	国际复材	张××	重庆市大渡口区建桥工业园×区
37	301533.SZ	威马农机	严×	重庆市江津区珞璜工业园×区
38	600106.SH	重庆路桥	李××	重庆市渝中区和平路×号××-×
39	600116.SH	三峡水利	谢×	重庆市万州区高笋塘××号
40	600129.SH	太极集团	李××	重庆市涪陵区太极大道×号

表7.1(续)

序号	证券代码	证券简称	董事长	注册地址
41	600132.SH	重庆啤酒	Abecasis	重庆市北部新区高新园大竹林街道恒山东路×号
42	600279.SH	重庆港	屈×	重庆市江北区鱼嘴镇福港大道×号附×号
43	600292.SH	远达环保	陈×	重庆市两江新区黄环北路××号×栋
44	600369.SH	西南证券	吴×	重庆市江北区金沙门路××号西南证券总部大楼
45	600452.SH	涪陵电力	雷××	重庆市涪陵区人民东路××号
46	600565.SH	迪马股份	黄××	重庆市南岸区长电路×号
47	600615.SH	丰华股份	李××	重庆市九龙坡区西彭镇森迪大道×号×幢
48	600729.SH	重庆百货	张××	重庆市渝中区青年路××号××,××,××楼
49	600847.SH	万里股份	代××	重庆市江津区双福街道创业路××号综合楼幢×-×
50	600877.SH	电科芯片	王×	重庆市璧山区璧泉街道永嘉大道×××号
51	600917.SH	重庆燃气	车××	重庆市江北区鸿恩路×号
52	600939.SH	重庆建工	唐××	重庆市两江新区金开大道××××号
53	601005.SH	重庆钢铁	谢××	重庆市长寿区江南街道江南大道×号
54	601077.SH	渝农商行	谢××	重庆市江北区金沙门路××号
55	601127.SH	赛力斯	张××	重庆市沙坪坝区五云湖路×号
56	601158.SH	重庆水务	郑××	重庆市渝中区龙家湾×号
57	601777.SH	力帆科技	周××	重庆市两江新区金山大道黄环北路×号
58	601827.SH	三峰环境	廖××	重庆市大渡口区建桥工业园建桥大道×号
59	601963.SH	重庆银行	高×	重庆市江北区永平门街×号
60	601965.SH	中国汽研	万××	重庆市北部新区金渝大道×号
61	603100.SH	川仪股份	田××	重庆市北碚区人民村×号
62	603109.SH	神驰机电	艾×	重庆市北碚区童家溪镇同兴北路×××号
63	603191.SH	望变电气	杨××	重庆市长寿区晏家街道齐心东路××号
64	603601.SH	再升科技	郭×	重庆市渝北区回兴街道婵衣路×号
65	603697.SH	有友食品	鹿××	重庆市渝北区国家农业科技园区国际食品工业城宝环一路××号

表7.1(续)

序号	证券代码	证券简称	董事长	注册地址
66	603717.SH	天域生态	罗××	重庆市江北区聚贤街××号×幢的（自编号）××××号
67	603758.SH	秦安股份	TANG	重庆市九龙坡区西彭镇森迪大道×号×栋西彭园区党群服务中心×××室
68	603766.SH	隆鑫通用	涂××	重庆市九龙坡区九龙园区华龙大道××号
69	603976.SH	正川股份	邓×	重庆市北碚区龙凤桥街道正川玻璃工业园
70	605122.SH	四方新材	李××	重庆市巴南区南彭街道南湖路×××号
71	688410.SH	山外山	高××	重庆市两江新区慈济路×号
72	688443.SH	智翔金泰-U	单××	重庆市巴南区麻柳大道×××号×号楼×区
73	688576.SH	西山科技	郭××	重庆市北部新区高新园木星科技发展中心（黄山大道中段×号）
74	830896.BJ	旺成科技	吴××	重庆市沙坪坝区井口园井熙路×号附×号
75	831370.BJ	新安洁	魏××	重庆市北部新区黄山大道中段××号×幢×-×
76	833873.BJ	中设咨询	黄××	重庆市江北区港安二路×号×幢×-×
77	834033.BJ	康普化学	邹×	重庆市长寿区化中大道×号
78	871857.BJ	泓禧科技	谭×	重庆市长寿区菩提东路××××号
79	873833.BJ	美心翼申	徐××	重庆市涪陵区李渡新区聚龙大道×××号

资料来源：根据中国证券监督管理委员会资料整理。

7.1.2 重庆上市公司财务核心竞争力情况

根据前文所构建的企业财务核心竞争力评价指标体系，本章搜集并估算了重庆上市公司2018—2021年的设备成新率、智力资本比率、信息处理水平、全要素生产率、Z分数值、审计意见类型、现金净流量比率、现金满足投资比率、总资产周转率、净资产收益率、营业收入增长率等各项指标数据，经计算后，得出企业财务核心竞争力评价模型各项指标的数据值。在这些数据的基础上，我们采用第6章的思路，利用极差变换法将单位量纲不一致的指标数据转换至区间［0，10］，以便进一步分析。

经过上述处理之后，我们首先将数据代入企业财务核心竞争力评价子模型［模型(6.4)—模型(6.6)］，分别对财务竞争基础子模型、财务竞争机制子模型和财务竞争表现子模型进行计算分析，得到重庆上市公司2018—2021年财务核心竞争力评价各子模型的评价结果。其次，我们进一步将计算结果代入企业财务核心竞争力评价综合模型［模型(6.7)和模型(6.8)］进行计算，得出重庆上市公司2018—2021年财务核心竞争力综合指数（见表7.2）。

表7.2　重庆上市公司2018—2021年财务竞争基础、财务竞争机制、财务竞争表现评价指数和财务核心竞争力综合指数情况

证券代码	财务竞争基础评价指数				财务竞争机制评价指数			
	2018 年	2019 年	2020 年	2021 年	2018 年	2019 年	2020 年	2021 年
000565	3.392 0	4.642 6	5.342 5	8.743 6	8.635 0	4.173 3	2.468 0	4.874 7
000591	3.392 0	5.196 8	6.171 7	8.689 0	2.385 0	3.059 5	4.542 2	10.000 0
000656	3.392 0	8.440 2	8.689 0	6.945 0	3.750 0	5.948 5	7.294 7	8.635 0
000736	3.394 0	2.081 0	8.964 9	9.870 8	3.025 2	10.000 0	3.868 8	4.315 5
000788	3.392 0	3.522 6	6.689 1	8.689 0	8.275 8	8.730 4	3.311 1	7.176 9
000838	3.300 0	8.167 2	9.324 9	3.467 1	3.321 7	4.544 9	9.128 2	8.635 0
000892	10.000 0	8.046 1	2.528 1	6.898 8	10.000 0	7.110 7	2.385 0	5.141 3
000950	2.081 0	5.291 9	8.026 5	10.000 0	3.750 0	5.528 3	4.851 9	9.265 1
001696	10.000 0	7.689 5	2.519 8	3.542 0	3.344 7	2.967 9	6.904 4	10.000 0
002004	3.553 1	3.102 4	9.298 1	7.279 7	5.929 2	2.385 0	3.938 6	10.000 0
002168	6.977 3	8.689 0	7.627 5	3.392 0	10.000 0	6.789 4	5.866 9	2.385 0
002507	6.498 9	8.689 0	2.402 7	3.621 0	2.385 0	3.398 2	7.118 6	9.837 6
002742	8.336 3	9.751 9	9.388 1	2.081 0	8.074 0	9.045 7	2.692 2	3.572 6
002765	8.897 2	10.000 0	2.978 6	2.371 8	3.237 7	2.686 8	7.329 7	10.000 0
002872	3.594 1	2.422 2	7.718 0	8.704 8	10.000 0	7.639 1	5.465 3	3.231 5
002907	8.630 9	2.457 1	9.775 9	9.938 4	9.073 0	5.325 0	4.421 8	3.750 0
200054	3.392 0	8.170 1	9.249 7	8.689 0	3.750 0	8.635 0	5.054 9	3.896 1
300000	3.392 0	3.972 3	6.416 0	8.689 0	2.444 7	8.693 4	4.303 7	4.939 1
300122	3.392 0	4.666 6	5.420 6	8.689 0	2.886 9	5.136 1	7.618 9	8.936 2
300194	3.392 0	5.669 6	5.771 7	8.689 0	7.552 7	9.023 7	2.406 8	2.496 2
300275	10.000 0	7.604 5	4.658 4	2.239 8	2.385 0	10.000 0	8.131 2	8.098 9

表7.2(续)

证券代码	财务竞争基础评价指数				财务竞争机制评价指数			
	2018 年	2019 年	2020 年	2021 年	2018 年	2019 年	2020 年	2021 年
300363	3.392 0	5.217 9	7.256 6	8.689 0	2.385 0	4.767 2	7.476 0	10.000 0
600106	2.081 0	8.866 4	9.169 9	9.878 7	2.385 0	6.510 9	9.280 3	7.295 5
600116	3.392 0	4.985 3	6.963 2	8.689 0	3.539 3	3.822 0	5.938 4	9.236 1
600129	2.081 0	5.546 5	7.544 6	10.000 0	2.620 5	5.462 9	4.657 6	10.000 0
600132	2.395 0	3.835 0	5.649 2	10.000 0	2.436 1	4.277 0	8.635 0	7.004 4
600279	2.081 0	4.464 7	7.359 8	10.000 0	10.000 0	3.577 6	2.496 3	3.584 0
600292	10.000 0	7.157 4	2.449 6	6.146 4	8.635 0	4.390 8	3.427 1	4.741 0
600452	3.392 0	4.638 2	6.053 1	8.689 0	2.385 0	4.538 2	5.382 7	10.000 0
600565	4.198 2	7.325 9	9.073 6	3.392 0	3.434 7	10.000 0	7.956 6	3.612 0
600615	3.392 0	4.310 1	8.782 9	6.094 1	4.572 8	2.573 4	2.827 1	10.000 0
600729	3.392 0	4.987 7	7.367 8	8.689 0	9.326 2	10.000 0	2.761 5	3.382 2
600847	3.392 0	3.056 6	2.601 3	8.689 0	3.735 0	5.000 6	7.424 1	8.635 0
600877	5.165 7	8.689 0	6.856 0	3.392 0	2.385 0	5.289 6	6.086 0	9.675 7
600917	2.081 0	4.525 5	7.030 6	9.621 8	2.766 7	5.420 3	3.827 6	10.000 0
600939	9.549 3	8.881 9	8.698 6	2.081 0	2.385 0	6.658 6	8.522 8	9.890 5
601005	2.245 2	3.654 3	7.025 0	9.984 2	3.682 3	4.301 1	3.256 8	9.372 4
601127	6.019 2	3.232 5	6.753 7	9.341 1	9.298 5	6.771 5	2.385 0	6.156 1
601158	3.098 6	5.786 5	8.606 9	8.689 0	3.750 0	4.694 6	6.827 8	8.635 0
601777	10.000 0	6.080 8	5.900 3	2.081 0	9.433 2	6.592 9	3.750 0	5.430 2
601965	2.914 4	3.663 3	5.119 7	8.689 0	4.829 7	2.444 7	9.523 1	9.926 9
603601	6.724 7	7.316 1	2.243 2	8.689 0	2.385 0	2.823 1	10.000 0	7.010 3

证券代码	财务竞争表现评价指数				财务核心竞争力综合指数			
	2018 年	2019 年	2020 年	2021 年	2018 年	2019 年	2020 年	2021 年
000565	3.146 4	6.654 6	5.933 8	5.470 3	6.289 7	4.626 0	3.809 5	6.183 9
000591	4.509 3	1.535 6	5.393 0	5.922 6	2.966 0	3.556 7	5.166 8	9.083 6
000656	1.888 1	3.735 4	8.889 7	5.724 2	3.408 4	6.474 9	7.934 9	7.739 8
000736	9.621 7	5.333 3	0.619 5	2.463 5	3.947 9	6.899 8	5.101 1	5.865 0
000788	8.326 1	7.009 9	0.698 1	2.357 5	6.721 1	6.856 1	4.071 9	7.072 2

表7.2(续)

证券代码	财务竞争表现评价指数				财务核心竞争力综合指数			
	2018 年	2019 年	2020 年	2021 年	2018 年	2019 年	2020 年	2021 年
000838	5.368 3	4.811 0	8.914 2	4.641 4	3.564 5	5.735 1	9.165 0	6.496 1
000892	5.612 9	4.752 8	3.959 0	3.030 4	9.464 8	7.121 9	2.622 7	5.445 5
000950	1.730 8	7.631 6	8.349 1	8.743 4	2.970 2	5.709 3	6.293 2	9.436 3
001696	0.168 9	5.295 9	6.137 3	3.921 1	5.084 3	4.760 9	5.409 5	7.194 4
002004	5.171 1	7.331 0	6.072 9	2.434 5	5.077 3	3.217 7	5.911 9	8.207 6
002168	8.846 5	1.814 3	6.706 6	3.705 7	8.893 2	6.789 6	6.532 0	2.868 0
002507	6.182 7	3.584 6	7.450 3	2.060 5	4.163 1	5.111 9	5.651 8	6.902 0
002742	5.517 3	8.691 3	7.047 7	4.474 9	7.845 9	9.228 1	5.363 6	3.206 0
002765	5.608 2	1.645 2	3.261 3	5.873 3	5.335 7	4.897 0	5.442 7	7.058 6
002872	6.847 7	4.993 5	4.017 0	4.995 1	7.568 1	5.649 0	6.008 5	5.195 9
002907	5.803 0	5.428 7	6.056 4	3.014 8	8.532 8	4.421 0	6.332 3	5.638 1
200054	9.477 5	0.000 0	8.813 4	4.037 9	4.334 3	7.433 0	6.854 1	5.445 2
300006	9.180 9	4.023 6	0.687 9	5.024 7	3.569 3	6.615 9	4.649 3	6.148 0
300122	0.909 0	1.952 0	3.562 6	9.306 5	2.807 0	4.597 0	6.421 5	8.902 4
300194	6.724 9	9.332 1	3.878 5	0.847 1	6.121 9	7.989 4	3.661 8	4.274 2
300275	3.926 0	7.923 5	5.897 3	5.739 5	5.006 8	8.981 0	6.748 8	5.938 5
300363	0.638 0	5.021 6	7.347 4	6.667 6	2.493 7	4.942 3	7.390 2	9.174 4
600106	3.847 8	6.021 0	4.522 9	1.856 5	2.466 3	7.204 0	8.664 6	7.457 5
600116	5.153 2	3.506 8	5.779 5	5.675 9	3.689 1	4.155 3	6.246 5	8.626 9
600129	6.074 0	2.140 0	7.530 2	5.719 8	2.869 4	5.084 2	5.930 8	9.477 8
600132	0.373 0	2.522 9	7.028 0	6.631 5	2.171 3	3.921 7	7.484 7	7.916 3
600279	6.902 0	4.449 1	5.475 7	2.672 8	7.091 1	3.967 5	4.414 1	5.523 4
600292	6.494 0	8.375 5	0.000 0	6.184 6	8.810 1	5.761 1	2.696 6	5.366 3
600452	6.074 0	6.646 5	3.118 6	5.053 6	3.156 9	4.827 4	5.320 8	8.977 5
600565	8.359 8	6.074 0	5.646 9	0.830 3	4.279 6	8.666 4	8.031 8	3.202 3
600615	2.020 7	4.892 8	2.863 4	5.669 3	3.884 1	3.411 4	4.735 0	8.223 3
600729	5.230 6	6.425 1	2.580 3	4.125 8	6.930 0	7.961 9	4.211 6	5.169 0

表7.2(续)

证券代码	财务竞争表现评价指数				财务核心竞争力综合指数			
	2018 年	2019 年	2020 年	2021 年	2018 年	2019 年	2020 年	2021 年
600847	2.803 2	8.204 5	7.430 9	4.165 4	3.511 7	4.770 1	5.883 6	8.107 0
600877	5.364 4	6.440 9	6.728 0	1.807 0	3.637 2	6.516 5	6.410 4	6.707 4
600917	6.101 8	3.905 5	3.610 7	9.916 1	2.954 4	4.949 5	4.824 8	9.868 9
600939	3.608 2	7.993 9	5.551 6	2.001 1	4.823 9	7.532 1	8.216 5	6.432 1
601005	6.443 3	2.055 5	1.759 0	9.344 4	3.559 9	3.820 4	4.278 4	9.564 5
601127	8.941 4	7.337 8	4.146 7	0.510 3	8.206 8	5.709 5	3.996 2	6.485 2
601158	5.770 1	4.602 6	5.097 0	4.171 0	3.788 3	5.032 5	7.185 2	8.107 7
601777	7.542 8	0.938 1	7.902 7	9.060 6	9.383 7	5.739 4	4.943 9	4.802 7
601965	0.697 7	4.577 9	6.592 8	9.449 5	3.713 4	3.094 4	7.758 3	9.473 0
603601	0.116 7	4.600 2	8.950 2	2.951 6	3.495 2	4.477 0	7.392 8	7.051 6

如表 7.2 所示，通过计算 2018—2021 年重庆市上市公司财务核心竞争力子模型评价指数和财务核心竞争力综合指数，我们可以看出，重庆上市公司财务核心竞争力处于全国中等水平。具体来讲：

（1）在财务竞争基础方面，重庆特殊的区位优势和成渝地区重要的国家战略定位，给重庆地区带来了良好的投资商机，为重庆上市公司引进技术、培育人才、调整产业模式等创造了良好条件，所以大部分重庆上市公司财务竞争基础较好。

（2）在财务竞争机制方面，由于重庆工业发展基础雄厚，社会各界对重庆产业发展投资的关注较多，尤其是投资项目的运行与管理情况，这促进了重庆企业管理机制的持续完善。特别是近年来，共建"一带一路"倡议的落实和西部陆海新通道的建设使重庆地区企业在"走出去、引进来"的发展战略中，不断学习发达地区先进的财务管理理念和方法，从而提升了重庆上市公司的总体财务管理水平，为重庆上市公司又快又好地发展注入了新鲜的血液。

（3）在财务竞争表现方面，上市公司代表企业中的精英，与一般企业的财务状况、经营成果与现金流量比较，上市公司具有一定的优势。而在全国的上市公司中，重庆上市公司的发展形势总体趋于良好。虽然也有重组（ST）的上市公司，但其对重庆上市公司的财务竞争表现影响较小。

7.2 重庆上市公司财务核心竞争力培育的优势

重庆要实现跨越式经济发展，必须借力资本市场，现有上市公司便是其首先倚重的对象。众所周知，在市场经济体制中，只有具备核心竞争优势的企业才能在激烈的市场竞争中得到可持续发展，但企业核心竞争优势的培育离不开所处的外部环境以及与之相适应的管理理论和技术模式。基于此，我们立足重庆地区的实际情况，分析重庆上市公司财务核心竞争力培育的优势，力图寻找一条适合重庆上市公司可持续发展的道路，把重庆建设为西部经济核心圈层，以及西部地区经济社会发展的强力助推器，推进重庆经济长期稳定发展。总体来说，重庆上市公司财务核心竞争力培育具备以下优势：

7.2.1 政策优势

重庆是中国四大直辖市之一、国家重要中心城市之一、长江上游地区经济中心、全国先进制造业基地、西部金融中心、西部科技创新中心，位于"一带一路"和长江经济带的联结点上，是国际性综合交通枢纽城市和对外开放门户（甘金磊，2024），拥有中国（重庆）自由贸易试验区、中新（重庆）战略性互联互通示范项目、西部陆海新通道等战略项目，这使重庆地区得以享受更多优惠政策和资金扶持。

2007年9月，国务院正式批准实施《重庆市城乡总体规划（2007—2020年）》，这是全国第一部经国务院批准的城乡总体规划。该规划重新从五个方面明确了重庆市的战略定位，即重庆是我国重要的中心城市之一、国家历史文化名城、长江上游地区经济中心、国家重要的现代制造业基地、西南地区综合交通枢纽。

2010年6月18日，我国第三个副省级新区、中西部第一个国家级开发开放新区——两江新区正式挂牌成立。2011年3月14日，全国人大批准将"推进重庆两江新区开发开放"纳入国家"十二五"规划，比长三角、珠三角、环渤海经济圈更加庞大的内陆逐步走向改革开放的前台。

2011年，国家发展改革委发布《关于印发成渝经济区区域规划的通知》，提出要将成渝经济区建设成为西部地区重要的经济中心、全国重要的现代产业基地、深化内陆开放的试验区、统筹城乡发展的示范区和长江上游生态安全的保障区。

2016 年，国家发展改革委、住房城乡建设部联合印发的《成渝城市群发展规划》明确提出，到 2020 年，把成渝城市群基本建成经济充满活力、生活品质优良、生态环境优美的国家级城市群，力争成渝城市群 2030 年实现由国家级城市群向世界级城市群的历史性跨越（蒋炀 等，2020；孟晓杰等，2020；任晓红 等，2024）。

2016 年 7 月，国务院发布《关于同意重庆高新技术产业开发区建设国家自主创新示范区的批复》，同意重庆高新技术产业开发区建设国家自主创新示范区，同时享受国家自主创新示范区相关政策，并同意将重庆高新技术产业开发区建设国家自主创新示范区工作纳入国家自主创新示范区部际协调小组统筹指导，落实相关政策，努力把重庆高新技术产业开发区建设成为创新驱动引领区、军民融合示范区、科技体制改革试验区、内陆开放先导区。

2017 年 3 月，国务院印发《中国（重庆）自由贸易试验区总体方案》。在该方案中，重庆自由贸易试验区共有两江片区、西永片区和果园港片区 3 个片区，总面积为 119.98 平方千米。该自贸试验区的建设目标是争取在 5 年内建成能够为"一带一路"和长江经济带的建设发展提供物流保障和投资环境的高水平高标准自贸园区，以重庆为切入口推动构建西部地区门户城市全方位开放新格局，带动西部大开发战略深入实施。

2017 年 8 月，重庆、广西、贵州、甘肃 4 个省份签署了《关于合作共建中新互联互通项目"南向通道"的框架协议》，建立了联席会议机制。2018 年 11 月 12 日，中新两国正式签署《关于中新（重庆）战略性互联互通示范项目"国际陆海贸易新通道"建设合作谅解备忘录》，"南向通道"正式更名为"国际陆海贸易新通道"。自此，重庆成为"国际陆海贸易新通道"建设的重要节点（姜超峰，2023）。

2019 年 3 月，国家发展改革委制定、印发《2019 年新型城镇化建设重点任务》，明确将成渝城市群与京津冀城市群、长三角城市群和粤港澳城市群并列（翟琨 等，2020）。2020 年 1 月 3 日，习近平总书记主持召开中央财经委员会第六次会议，提出要推动成渝地区双城经济圈建设，在西部形成高质量发展的重要增长极，打造内陆开放战略高地。成渝地区双城经济圈建设自此开启（翟琨 等，2020）。

可见，重庆的政治地位及其在长江经济带、共建"一带一路"、西部大开发、成渝统筹城乡发展、成渝地区双城经济圈建设、"西部陆海新通道"

等国家重大战略的重要节点地位，让重庆上市公司获得很大的政策优势。

7.2.2　区位优势

从地理位置上来看，重庆位于中国西南部、长江上游地区，地跨青藏高原与长江中下游平原的过渡地带，东邻湖北、湖南，南靠贵州，西接四川，北连陕西。

从经济区位上来看，重庆地区战略意义重大、区位优势突出：首先，长江经济带以上海为"龙头"，其经济效力持续辐射至"龙尾"——重庆。作为长江经济带的上游核心城市，重庆是整个西南地区极其重要的内河港口和经济发展点。其次，重庆是西部大开发的重要战略支点，处在"一带一路"和长江经济带的联结点上，在国家区域发展和对外开放格局中具有独特而重要的作用。再次，重庆连接东部经济发达地区和西部资源富集地区，起着东传西递、承北启南的枢纽作用。最后，重庆还位于西部经济基础最好的成渝地区双城经济圈，倚靠长江水道和三峡库区，拥有得天独厚的交通运输优势和能源优势支撑其经济发展。

7.2.3　交通优势

重庆位于长江上游、嘉陵江与长江的交汇处，处于中国中西部交界的重要位置，是长江上游最大的中心城市和西部最大的工商重镇，交通四通八达，现已形成铁路、公路、水运、航空和管道运输相结合的综合运输体系，成为长江上游和西南地区最大的水陆空交通枢纽，是长江上游地区唯一汇集水、陆、空交通资源的特大型城市，是国际性综合交通枢纽城市（黄婷 等，2012）。

重庆的交通优势主要体现在以下四个方面：一是在铁路网络方面，重庆是全国性综合铁路枢纽。2016 年底，重庆形成了"一枢纽八干线"的铁路网络格局。重庆已开通至上海、广州、深圳等沿海港的货运"五定"班列，以及"渝新欧"国际货运班列、国际直达班列。当前，"渝新欧"班列已实现全线常态化运行，起、终点全程开行仅需 13 天，是中欧贸易的陆上主要交通方式。二是在高速公路建设方面，重庆建成了"三环十射三联线"的高速公路网。三是在水运方面，重庆已基本形成以长江、嘉陵江、乌江、涪江、渠江"一干四支"国家高等级航道为骨架的航道体系，以及以果园、新田、龙头、珞璜等铁公水多式联运枢纽为主的现代化港口集群。四是在航空运输方面，重庆的民用机场建设思路为"一大四小"，重庆江北国际机场是重要的地区性交通枢纽，国际国内客流量和货邮量都相当可观。

7.2.4 成本优势

从劳动力成本方面来看，重庆全市农民工总量756.4万人，其中，外出农民工515.4万人，约占68.14%，乡内农民工241.0万人，仅占31.86%，属于劳动力净输出地区，劳动力成本较低。

从生产要素方面来看，重庆是中国西部电网的负荷中心之一，水、电、气产量大，能源供应的保障程度高。重庆深度参与西部地区石油、天然气、电力等资源的输送事业，解决了我国多地的能源供应需求。在东部沿海地区拉闸限电的时期，重庆的企业仍能享受充足的电力供应。重庆生产要素的成本比较低，且供给充足，与经济较为发达但生产要素不足的东部地区相比，重庆有较强的生产资源条件以及生产运营和人力资源成本优势。可见，重庆拥有明显的要素成本优势。

从运输成本方面来看，重庆是全国唯一兼具五种类型国家物流枢纽的城市，水、陆、空、铁、管（道）五大交通运输体系健全，是长江上游最大的集装箱运输枢纽和集散港。正因如此，重庆的货物运输成本较低，拥有较强的物流优势。

7.2.5 资源优势

重庆拥有丰富的资源优势，主要体现在其矿产资源、水资源、旅游资源、历史文化资源等方面。

在矿产资源方面，重庆拥有天然气、煤、铝土矿、锰矿等多种矿产资源，其中，锰、钒、钼、钡等矿产质量稳定，品位较高，分布集中，易于开采，而且其页岩气、天然气、锰、铝土矿等在全国占有重要地位。此外，重庆还拥有我国储量和质量双第一的锶矿。重庆这些得天独厚的矿产资源优势为重庆的化学工业、有色金属工业、建材工业的发展提供了资源保证。

在水资源方面，重庆境内江河纵横，水资源丰富，年平均水资源总量达到5 000亿立方米，其中长江和嘉陵江是主要的水源。

在旅游资源方面，重庆的旅游资源相当丰富，不仅有独树一帜的自然地理风貌，还有引人入胜的人文景观。此外，近几年流媒体和社交网络的迅猛发展也为重庆旅游业发展提供了优势条件。

在历史文化资源方面，重庆是国家历史文化名城、巴渝文化发祥地，有 3 000 余年建城史，自古被称为"天生重庆"。重庆拥有众多的历史文化遗址和巴渝文化资源。清末，重庆开埠及国民政府迁都重庆，使重庆成为近代中国大后方的政治、军事、经济、文化中心，以及红岩精神起源地。巴渝文化、三峡文化、抗战文化、革命文化、统战文化、移民文化等交织形成独具特色的重庆地域文化。

综上所述，重庆的资源相当丰富，重庆上市公司要充分利用好这些资源优势，并将这些资源优势变成产业优势。

7.2.6 科教优势

科教实力的发展是一个地区整体经济发展的基本保障，是科教兴市战略稳步落实的关键点。重庆的科技实力比较雄厚，截至 2023 年底，全市共有市级及以上重点实验室 222 个，市级及以上工程技术研究中心 364 个，新型研发机构 179 个，其中，国家重点实验室 12 个，国家级工程技术研究中心 10 个，高端研发机构 82 个；2023 年，技术市场签订成交合同 11 281 项，成交金额 865.1 亿元；2023 年，专利授权 5.41 万件，其中，发明专利授权 1.36 万件，有效发明专利 6.42 万件。可见，重庆具有较强的科研和技术开发能力，可以为企业的发展提供充分的人力资源支持与技术支持。

同时，重庆的教育基础良好，教育结构较为完善。2023 年，重庆拥有普通高等教育学校 72 所［其中，本科学校 27 所，高职（专科）学校 45 所］，成人高校 3 所，军队院校 2 所，中等职业学校 129 所（不含技工校），容纳学生总量超百万人，每年为我国各行业、各地区培育、输送了大量优质人才。

当前，重庆正在深入落实以大数据智能化为引领的创新驱动发展战略，做大做强智能网联新能源汽车、新一代电子信息制造业、先进材料三大万亿级产业集群，培育高能级"33618"现代制造业集群体系。与之对应的，重庆立足国家战略，把握发展机遇，大力推动数字教育迭代升级，推动全市教育数字化进入加速发展阶段，先后出台了《重庆市深化普通高校新工科建设 加强创新型工科人才培养实施方案》《重庆市高等学校人工智能+学科建设行动计划》《重庆市现代产业学院建设总体方案》等系列文件，动态调整和优化专业结构布局，引导高校围绕智能类产业发展开设相关学科专业，着力推动产业链、创新链、人才链、教育链四链融合。

7.2.7 工业基础优势

重庆是中国重要的工业基地之一，工业基础雄厚，门类齐全，综合配套能力较强。工业是重庆国民经济的主导力量，重庆拥有全国41个工业大类中的39个，2022年工业总产值达2.58万亿元。重庆具有老工业基地城市和现代制造业基地的资源、基础设施建设和政策优势，是全球最大的电子信息产业集群之一和中国最大的汽车产业集群，孵化了制造、化工、材料等多个千亿级别的产业集群，其笔记本电脑和手机的生产基地体量规模曾分别为全球第一（2014年）和全球第二（2017年）。

近年来，重庆地区正着力打造智能网联新能源汽车产业集群、新一代电子信息制造业集群、先进材料三大万亿级主导产业集群等。经过多年的改造和结构调整，重庆现已形成与老工业基地匹配的汽车摩托车、装备制造、石油天然气化工、冶金、电子五大支柱相互衔接的产业群。截至2022年底，共有319家世界500强企业落户重庆，产业资源加快流动集聚，现代化产业体系逐步形成。另外，重庆城市规模较大，服务配套设施完备，信息通畅，十分有利于工业发展，形成配套关系，拉长上下游产业链。

7.3 重庆上市公司财务核心竞争力培育的劣势

与全国上市公司的平均水平相比，重庆上市公司的财务核心竞争力虽有强势的一面，但整体实力仍较弱，主要存在以下几个方面的问题：

7.3.1 行业产业分布不均

由图7.1的重庆上市公司产业分布情况和图7.2的重庆A股上市公司总市值行业分布情况可知，截至2023年第一季度，重庆上市公司的产业结构分布较为不均衡。其中，医药生物业和汽车行业的上市公司居多，各有11家在A股上市；其次是公用事业类和房地产类上市公司，分别有7家和6家在A股上市；化工业、有色金属业、食品饮料业、交通运输业、建筑装饰业、建筑材料业这6个行业中各有3家上市公司；银行业、机械设备业、钢铁业、电气设备业、传媒业5个行业各有2家上市公司；通信业、商业贸易业、轻工制造业、美容护理业、环保业、非银金融业、电子业、电子设备业8个行业各自仅有1家上市公司。

进一步从上市公司归属第一、第二、第三产业的结构来看，重庆上市公司以第二产业为主导，第三产业仅占一小部分，而且重庆上市公司没有任何一家以农业为主导，这说明重庆上市公司在第一产业的布局存在缺陷，这与重庆地区农业发展需求不符。重庆地处山区，农村地域广阔、人口众多，农业资源极具开发潜力，其农村人口占全市人口的30%左右，而且重庆拥有现代农业产业园12个、农业产业强镇39个，产业集聚程度高，粮食、植物油、中药材等7条产业链完备，柑橘、柠檬、榨菜等6条产业链基本实现一二三产业全覆盖。农业人口基数大、农业发展条件优越是重庆发展第一产业的基础条件，但是由于重庆资本市场发展滞后，重庆上市公司并没有用好资本市场的融资功能，使重庆广大农村地区同我国其他农业区一样，普遍存在资金短缺问题，这制约了重庆农业的发展和乡村振兴工作。而且，近年来，随着经济新常态下人口红利优势的持续减弱、学历贬值、新冠病毒感染疫情下经济受挫等问题的出现，农村剩余劳动力向城市流转的难度持续加大，这些现实情况都迫切需要重庆发展一批核心竞争力强的农业类上市公司，从而带动重庆地区农业经济发展和推动乡村振兴战略落实。

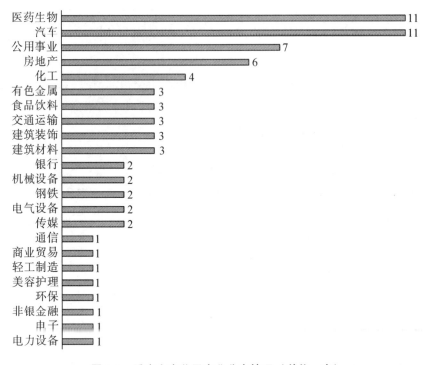

图 7.1　重庆上市公司产业分布情况（单位：家）

［数据来源：Choice 金融终端数据库，和君集团有限公司发布的《重庆上市公司发展报告（2023）》］

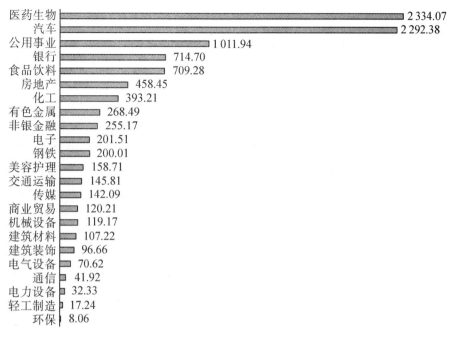

图 7.2　重庆 A 股上市公司总市值行业分布情况（单位：亿元）

[数据来源：Choice 金融终端数据库，和君集团有限公司发布的《重庆上市公司发展报告（2023）》]

再看看第二产业，重庆第二产业的上市公司主要集中在医药生物业、汽车行业、化工业、有色金属业、食品饮料业、建筑装饰业、建筑材料业等，其中制造业所占份额最大，而多数有限或者稀缺类资源型企业由于经营状况不佳而未达到上市条件。这一方面说明重庆资源配置效率偏低，资源的投入无法转化成有效的产出；另一方面也说明分配结构不太合理。

进一步从第三产业的发展来看，重庆第三产业的上市公司数量不到第二产业的上市公司数量的 1/2，哪怕是近年来重庆发展势头最猛的餐饮业和旅游业都没有一家企业在 A 股市场挂牌上市。而且从第三产业上市公司的布局来看，传统的第三产业上市公司占比较高，新兴的第三产业上市公司占比相对较低，这也侧面说明重庆第三产业企业转型升级较慢，经济增长方式转型迫在眉睫。

另外，作为全国重要的老工业基地，重庆的产业发展特色和优势不太突出，产业发展对人才、技术等要素较缺乏聚集力，不利于对现有资源的整合，人才、技术、资金等产业发展所需资源相对分散，产业配套能力较难形成，产业内部交易成本较高，致使现有产业的产业链残缺。

7.3.2　公司治理机制缺失

公司治理机制是公司治理的内环境，是公司规范化发展的关键点。完善公司法人治理结构是全面推进依法治企、建立现代企业治理体系的内在要求，是企业改革尤其是新一轮国有企业改革的重要任务（文超平，2017）。在现代市场经济中，健全以公司章程为核心的公司治理体系，依照法律法规和公司章程，严格规范履行出资人职责的机构、股东会、监事会、经理层、党组织、董事会和职工代表大会的权利、义务、责任，强化权利责任对等，实现各负其责、规范运作、相互衔接、有效制衡，是确保公司治理有效运行的关键，最终直接影响公司业绩和股东权益（文超平，2017）。

重庆上市公司财务核心竞争力不佳的重要原因之一就是缺乏完善的公司治理机制。由于重庆上市公司多是由国有企业或国有企业转制而成的，当前，尽管重庆绝大多数国有企业已初步建立现代企业治理体系并建立起较为规范的内部控制制度体系。但从企业管理实际情况来看，这些国有企业的公司治理机制仍不完善，部分企业甚至尚未形成有效的法人治理结构，权责不清、约束不够、董事会和监事会形同虚设等问题依旧较为突出，甚至难以得到根治（文超平，2017）。具体表现在以下几个方面：

一是内部人控制问题严重。内部人控制问题的形成实质上是公司治理中"所有者缺位"和控制权与剩余索取权不相配的问题（王陆与 等，2022）。在现代企业治理体系中，两权分离以及由此形成的委托代理问题是现代企业治理体系的典型特征。公司治理能否有效运行取决于公司所有权人能否对管理层进行监督制约和股东关系的好坏，即缓解第 I 类和第 II 类代理问题。在现代公司治理体系中，由于信息不对称等问题普遍存在，企业外部成员如债权人、股东、国资委、行业主管部门等的监督治理作用难以得到有效发挥，企业内部成员如董事长、总经理、厂长等直接参与企业日常经营和战略决策的各个主体掌握了企业的实际控制权，此时就极有可能出现所谓的"内部人控制"问题（薛丽娟，2011）。青木昌彦（1994）认为，"内部人控制"是企业经理或工人在企业公司化的过程中获得相当大一部分控制权的现象。事实上，在重庆国有上市公司中，内部人控制问题屡见不鲜，权力过分集中于"内部人"，人事权、投资权、筹资权等都掌握在公司的经营者手中（"内部人"手中），在信息不对称的情况下，股东或国资委很难对其诸多行为进行有效监督，这些"内部人"有可能为了满足自身利益而做出损害股东权益的行为。

二是难以对公司经营代理人进行有效约束。当前，在重庆上市公司中，国有股和法人股占据多家上市公司总股本的"大头"，这将直接影响股本在资本市场上的自由流通，投资者监督控制企业经营者的渠道受阻。而且国有企业高管层工资薪酬体系和高管职位晋升路径的差异，使得国有上市公司的业绩考核、干部提拔、考核问责等关注的指标并非公司业绩。此外，政府有时会将加快 GDP 增长、解决就业问题等社会目标转嫁给其控制的国有企业，一些国有企业可能通过过度扩张甚至低效率重复建设来实现，以迎合其政绩考核或晋升锦标赛的需要。一些国有企业两权分离较为明显而且权力边界较为模糊，部分经理人或大股东可能存在利益寻租的动机。

三是重庆上市公司很多是国有股实际控股，债务相机治理的失效也会对公司治理带来负面影响。如田利辉（2005）发现，我国国有企业的杠杆治理效率低，而预算软约束正是导致杠杆治理低效率的重要动因：其一，政府隐性担保的预期使金融机构乐于向国有企业提供资源并减弱对其的监管和追责动机（胡奕明 等，2008）；其二，国有企业的预算软约束预期以及政府对国有企业投资的干预也会导致国有企业不惜过度举债来投资扩张；其三，政府干预加上我国破产机制的不足，陷入财务困境的公司通常选择资产重组、债务剥离或重新注资，而非直接宣告破产（张亦春 等，2015）。企业和债权人之间的上述"预算软约束"特征都可能削弱债务治理。部分学者发现，债务融资非但不能有效发挥杠杆治理功能，甚至还可能表现出为管理者的在职消费提供支持或者成为滋生管理层的腐败行为的"土壤"（田利辉，2005；胡奕明 等，2008；张亦春 等，2015）。

四是监事会"有名无实"，没有充分发挥应有的监督治理作用。监事会是对公司日常经营活动、公司投融资决策等事项进行监督、检查的法定必设和常设机构，主要负责监督检查公司财务会计活动、监督检查董事会和经理等管理人员的违法违规行为、要求董事和经理纠正其损害公司利益的行为等。在现代公司治理体系中，监事会的监事由股东大会选举产生，但在国有股占绝对优势的情况下，股东大会容易被控股股东影响，监事实际上由国有控股股东指定。在此情况下，董事会和监事会的成员实质上都是国有控股股东的代言人，都代表国有控股股东的利益，最终导致"自己人监督自己人"的问题，监督标准、监督效率被搁置一边，监事会"形同虚设""徒有虚名"（郭红彩，2008）。

7.3.3 资本运作能力较差

重庆部分上市公司是由国有企业改制而来的，随着时间的推移，这些改制而来的上市公司经营效果并不理想，各项财务指标都有明显的下降趋势。在此情况下，利用资产重组、资产剥离等手段引入优质资产、剥离劣质资产，成为这类上市公司资产调整的主要路径。尽管从当前情况来看，重庆上市公司通过兼并收购、股权转让、资产剥离、资产置换以及债务重组等多种方式的频繁资产重组，使重庆上市公司的资产质量状况有了明显好转，弥补了财务方面的诸多漏洞，并在一定程度上促进了重庆上市公司的产业转型升级。但我们也应该看到，在重庆上市公司资本重组的过程中，缺乏以建立上市公司财务核心竞争力为目标，着眼于长远发展的运作，缺乏从产业布局、区域布局等中观宏观层面进行的引导；相反，部分上市公司过于强调市场运作，重组以保"壳"保"配"为前提，着眼于解决眼前困难，主要是依靠对财务报表中相关项目的调整而完成，从而导致重庆上市公司在重组过程中出现了一些重组方利用重组获取不当利益的现象，重组失败的例子屡见不鲜。具体表现在以下几个方面：

一是资产重组缺乏整体规划。早期重庆上市公司的资产重组缺乏从区域产业布局和空间布局的考量，资产重组目标定位不准，重组过程也缺乏对企业长远战略目标的考虑，急功近利的短视行为较为普遍，这就容易滋生盲目重组、虚假重组等问题。

二是资产重组力度不够。近年来，尽管重庆上市公司并购重组次数较多，甚至高于全国平均水平，但其并购重组模式都较为温和，特别是对一些被证券交易所"ST"的上市公司，如果不抓住关键点进行实质性重组，很难从"根"上解决问题，重组也达不到预期效果。以重庆某股份公司为例，该公司在前几年进行了多次重组，企图摆脱经营困境，但每次重组力度都较小，最终导致被"＊ST"，甚至可能退市。因此，资产重组必须进行彻底的实质性的重组，甚至要有"刮骨疗毒""壮士断腕"的决心，才能使重组发挥出应有的效果，帮助企业止住发展颓势。

当然，重庆上市公司并购重组未取得实质性成效还在于并购重组后期整合不到位。并购重组后的业务整合和重组是一个复杂的过程，需要管理者综合考虑组织结构框架、人员合并、业务流程整合、文化融合、管理制度等方面，它的效果好坏是决定并购重组是否有效的关键。要并购重组后期整合，我们认为至少要做到以下几点：第一，需要制订清晰的并购重组整合计划，明确目标、时间表、责任人和团队等；第二，调整组织结构框架，包括岗位设置、部门划分等，确保各部门之间的协调和配合；第三，业务整合，它需要厘清并购重组双方的业务流程，找出整合点，确保整合后的业务能够高效运转；第四，文化整合。事实上，企业并购重组后，员工的心理状况本身就不稳定，甚至产生焦虑情绪，如果此时强行让员工接受与之前截然不同的企业文化和企业价值认同，则会加剧其情绪波动，可能导致人员流失，进而影响整个公司的运行效率和收益情况，更不用说达到"1+1>2"的效果。所以，需要加强并购重组双方企业文化的传承和融合，促进团队间的合作和交流。

三是"壳"资源流失现象比较严重。该现象的出现是因为重庆本地的上市公司在被重组和收购后，更改公司名称、改变注册地址，资产和业务均向外迁移。这样会导致重庆本地的上市公司数量减少，资金外流，政府税收和居民就业都会受到影响，这些显然不利于重庆经济社会的可持续发展。

7.3.4 企业研发投入较少

根据对重庆 A 股上市公司和全国 A 股上市公司研发投入情况的统计，我们发现，2022 年重庆 72 家 A 股上市公司共有 57 家披露了研发投资情况，研发投资总额为 181.61 亿元，72 家上市公司平均每家上市公司投资 2.52 亿元，研发投入分别占营业收入总额、净利润总额的 2.48%、91.32%。表 7.3 列示了 2022 年重庆上市公司研发投入前十名的情况，我们发现，重庆 72 家上市公司中研发投入超过 5 亿元的有 8 家，超过 10 亿元的有 4 家，剔除研发投入前十名的上市公司，剩下 62 家上市公司平均研发投入仅 0.596 3 亿元。而根据国泰安 CSMAR 数据库、Wind 数据库的统计数据分析（见表 7.4），我们发现，2022 年全国 5 164 家 A 股上市公司平均每家上市公司的研发投入约 3.17 亿元，重庆上市公司平均研发投入量位居全国第 14 位，这说明重庆上市公司的研发投入较低，研发投资有待进一步提升。如果不持续加大企业研发投入力度，企业就很难培育企业财务核心竞争力。

表 7.3　2022 年重庆上市公司研发投入前十名的情况

排名	证券名称	研发支出/亿元	研发营收比/%	研发利润比/%
1	长安汽车	56.78	4.68	72.81
2	赛力斯	31.06	9.11	−81.05
3	重庆钢铁	13.60	3.72	−133.36
4	智飞生物	11.13	2.91	14.77
5	巨人网络	6.43	31.53	75.51
6	顺博合金	6.17	5.57	308.80
7	隆鑫通用	5.62	4.53	106.51
8	博腾股份	5.20	7.38	25.90
9	川仪股份	4.55	7.14	78.58
10	力帆科技	4.10	4.74	265.09

数据来源：Choice 金融终端数据库，和君集团有限公司发布的《重庆上市公司发展报告（2023）》。

表 7.4　2022 年全国 A 股上市公司研发投入对比分析

排名	地区	研发支出总额/亿元	平均研发投入/亿元	研发收入比/%
一	全国	16 377.00	3.17	2.29
1	北京	4 276.19	9.32	1.73
2	河北	363.58	4.85	3.47
3	天津	250.85	3.48	2.52
4	上海	1 457.12	3.44	2.43
5	新疆	192.54	3.21	2.53
6	广东	2 699.64	3.20	2.77
7	内蒙古	76.41	3.06	1.78
8	江西	244.49	3.02	2.24
9	山东	831.63	2.81	3.00
10	云南	112.92	2.69	1.99
11	福建	454.57	2.66	1.23
12	湖北	356.38	2.56	3.61
13	安徽	421.37	2.52	3.16
14	重庆	181.61	2.52	2.48

表7.4(续)

排名	地区	研发支出总额/亿元	平均研发投入/亿元	研发收入比/%
15	山西	96.73	2.42	1.52
16	湖南	310.70	2.22	3.50
17	陕西	163.61	2.12	2.06
18	河南	229.98	2.11	2.39
19	四川	330.95	1.94	2.72
20	浙江	1 287.76	1.91	2.68
21	辽宁	161.90	1.88	1.41
22	吉林	85.70	1.75	4.28
23	青海	18.55	1.69	1.65
24	江苏	1 058.03	1.61	3.26
25	贵州	55.83	1.55	1.83
26	西藏	31.35	1.42	5.31
27	甘肃	49.48	1.41	2.14
28	黑龙江	45.29	1.16	2.30
29	广西	45.81	1.12	1.23
30	海南	23.59	0.84	1.71
31	宁夏	4.48	0.30	0.79

数据来源：Choice金融终端数据库，和君集团有限公司发布的《重庆上市公司发展报告（2023）》。

7.3.5 企业盈利能力较差

根据Choice金融终端数据库以及和君集团有限公司发布的《重庆上市公司发展报告（2023）》，2022年重庆72家上市公司的净利润总额为198.88亿元，同比减少319.59亿元（表7.5列示了2022年重庆上市公司净利润前十名的情况）。除去净利润突破百亿元的渝农商行和亏损超百亿元的金科股份，其余70家公司平均净利润为4.43亿元。而从表7.6全国各省A股上市公司净利润创造能力的横向对比来看，2022年全国A股上市公司平均每家上市公司创造净利润10.09亿元，重庆A股上市公司平均净利润位于全国第25位，比较靠后。这主要是因为重庆上市公司的产业结构依然比较传统，由于盈利能力直接影响企业创新、企业设备更新、企业融资能力，所以重庆上市公司财务核心竞争力处于全国中等水平甚至中等偏下水平。

表 7.5　2022 年重庆上市公司净利润前十名的情况

排名	证券名称	净利润/亿元	同比增幅情况/%	所在行业
1	渝农商行	102.76	7.49	金融
2	长安汽车	77.98	119.52	汽车整车
3	智飞生物	75.39	−26.15	生物制品
4	重庆银行	48.68	4.38	金融
5	博腾股份	20.05	282.78	医药业
6	重庆水务	19.09	−8.11	水务
7	太阳能	13.87	17.42	电力
8	重庆啤酒	12.64	8.35	食品饮料
9	三峰环境	11.39	−8.00	环保工程及服务
10	重药控股	9.52	−5.29	医药业

数据来源：Choice 金融终端数据库，和君集团有限公司发布的《重庆上市公司发展报告（2023）》。

表 7.6　2022 年全国 A 股上市公司净利润对比分析

排名	地区	净利润总额/亿元	平均净利润/亿元
—	全国	52 096.09	10.09
1	北京	21 258.59	46.32
2	天津	1 562.12	21.70
3	青海	236.10	21.46
4	山西	745.33	18.63
5	贵州	627.38	17.43
6	内蒙古	392.81	15.71
7	新疆	649.39	10.82
8	福建	1 672.73	9.78
9	陕西	687.89	8.93
10	上海	3 450.93	8.16

表7.6(续)

排名	地区	净利润总额/亿元	平均净利润/亿元
11	四川	1 388.60	8.12
12	广东	6 378.70	7.57
13	云南	304.96	7.26
14	河南	647.51	5.94
15	山东	1 590.52	5.37
16	宁夏	73.85	4.92
17	河北	352.27	4.70
18	安徽	719.42	4.31
19	浙江	2 836.13	4.21
20	江西	337.15	4.16
21	西藏	79.89	3.63
22	湖南	498.61	3.56
23	江苏	2 215.36	3.36
24	湖北	450.69	3.24
25	重庆	198.88	2.76
26	甘肃	69.34	1.98
27	吉林	62.61	1.28
28	黑龙江	46.44	1.19
29	辽宁	51.54	0.60
30	广西	18.47	0.45
31	海南	−190.83	−6.82

数据来源：Choice金融终端数据库，和君集团有限公司发布的《重庆上市公司发展报告（2023）》。

7.4　制约重庆上市公司财务核心竞争力培育的因素

7.4.1　外部因素分析

制约重庆上市公司财务核心竞争力培育的因素是多方面的，既有特定的历史原因、认识和观念因素、政策和体制因素，还有其他因素，主要包括：

（1）缺乏财务核心竞争力培育的土壤

健全的现代企业治理体系是财务核心竞争力培育的必要前提，然而，重庆多数上市公司由国有企业改制而成，"政企不分"的问题依旧较为突出。部分企业仍然处在由传统的"政企不分"向比较规范的现代企业治理体系转型的过渡阶段，即使是已经实现"股份化"的上市公司，其公司治理行为受地方政府、国资委的影响依然较大，现代企业治理体系尚未形成（朱国庆，2006）。如前文所述，重庆上市公司的"内部人控制""监事会低效率"等问题依然较为突出，这些都会在一定程度上影响企业财务核心竞争力的培育。

（2）缺乏技术研发和创新激励机制

创新是企业发展的第一动力，是企业核心竞争优势的重要来源，是企业可持续发展的重要保障。抓创新就是抓发展，谋创新就是谋未来。企业核心竞争力包括财务核心竞争力最根本的就是要创新。然而，从上一小节统计的重庆上市公司研发投入来看，重庆上市公司研发投入远低于全国上市公司研发投入的平均水平，技术创新意愿较为不足。除此之外，重庆高等教育发展情况也与重庆直辖市的地位不太匹配，并且与重庆地区产业发展需求还不太匹配。此外，尽管重庆近年来科技创新取得较大突破，但总体水平仍然不高，特别是科研创新和产业还存在脱节，不能很好地为产业及经济发展服务。此外，重庆地区还比较缺乏科技创新孵化和成果转化平台，这直接影响到重庆上市公司科技创新的动力和创新绩效，使得重庆部分企业忽视产品变革，不愿主动进行产品的创新。

（3）缺乏"人才引培"的良好环境

在知识经济时代，企业竞争的本质是创新，创新的基础是人才，如何引进和培养高层次人才是知识经济时代下每个企业尤其是上市公司关注的焦点问题。人力资源的强弱直接影响企业核心竞争力培育的成败。然而，重庆上市公司对人力资源的投入并不多，加之重庆位于我国西南地区，相较于沿海地区，对高层次人才的吸引力较弱，因此，重庆地区高层次人才流失的情况较为严重。同时，由于学历贬值，很多青壮年在沿海地区未必具有较强的职业竞争优势，所以，当前重庆上市公司"人满为患"和"人才奇缺"的现象并存，尤其是管理和技术人员层的人力资本含量比人们想象的要低。部分公司通过"边干边学"的方式培养了一批人才，但这些经验丰富的人才往往又流向北上广深或江浙一带，重庆较难长久留住这些人才（傅晓华，2004；宗生，2006）。因此，重庆上市公司要想培育企业核心竞争力和财务核心竞争力，首先应该建设形成培育人才和留住人才的机制和环境，培养良好的"人才引培"氛围，增加人力资本投入，为西部地区尤其是重庆经济社会发展培育一批高素质、复合型、应用型、数字化的专业人才。

（4）缺乏企业家培育成长的土壤

企业需要不断进行创新，而创新要由企业家来领导。"创新经济学之父"美籍奥地利经济学家约瑟夫·熊彼特指出，"企业家"是独特而重要的生产力要素，是企业创新的灵魂。企业家对生产要素的重新组合是经济增长的基本动力，以及经济增长的内在因素（韩保江，2009）。然而，从当前重庆地区的现实情况来看，适合企业家产生和成长的土壤还没有形成。一方面，重庆上市公司多由国有企业转制而成，部分企业内的薪酬体系和职位晋升机制仍没有摆脱旧框架，企业内的管理体系仍类似于层级治理，这极大地限制了优秀人才的快速成长；另一方面，重庆人力资本市场发展较为滞后，职业经理人市场尚未真正形成，企业家价值往往被低估，企业家收入仍然偏低，企业家的劳动价值和所获薪酬不符。以上这些因素都阻碍着企业家群体的形成和不断壮大（高闯 等，2000；章锋云，2002）。

7.4.2　内部因素分析

对表 7.2 中重庆上市公司财务竞争基础、财务竞争机制及财务竞争表现三个子模型的评价指数做趋势分析和横向对比可以发现，同一家上市公司在不同年度中上述三项指数有明显差异，同时对于不同上市公司而言，上述三项指数的差异就更明显，这说明重庆上市公司财务核心竞争力发展不均衡的现象比较普遍。此外，从横向对比来看，重庆上市公司财务核心竞争力指数处于全国中等水平，进一步分析原因，我们发现，在企业财务核心竞争力表现的各个构成要素中，重庆上市公司除了营业收入增长率、净资产收益率这两项指标表现优于全国平均水平之外，其余指标表现均较差。下面我们分别从财务竞争基础和财务竞争表现两个维度分析重庆上市公司财务核心竞争力较差的原因。

（1）财务竞争基础

一是财务人力资源缺失。部分重庆上市公司现有财务人员的专业素养有待提升、理财效率较低以及财务人员创新能力有待加强是制约其财务核心竞争力提升的首要因素。部分重庆上市公司之所以不能招聘到合格人才，也难以留住人才，主要是因为其自身发展所受牵制较多，管理机制还需要进一步完善，财务实力难以满足财务人员对薪酬待遇的理想需求。比如，重庆市财务人员的工资及福利比较低，学习深造的机会比较少，而且人才发展环境较为一般，致使重庆较难吸引优秀的人才或者吸引来了人才也不能长久留住。此外，由于我国当前对人才流动的相关政策还需进一步完善，许多高级财务人才出于对更高薪酬和更好工作环境的追求，纷纷离开重庆选择到更发达的北上广深或江浙一带工作，重庆地区的高素质财务人才流失较为严重。

二是公司资产质量较差。重庆上市公司不良资产比率较高，优质资产缺失，不良资产形成的主要原因是：①重庆上市公司财务管理和资本运作能力较低，以及对生产经营活动监管不到位。举例来讲，企业在对某项投资进行决策时，并未充分做好做实市场调查以及可行性分析，更多靠决策者的主观臆断来判断项目的发展前景，盲目投资现象屡见不鲜，这严重影响了其投资效率和资源配置效率，最终导致投资无法收回，并由此产生大量低效率投资和不良资产。如果能对上述低效率投资尽快采取措施及时止损，则能够有效减少不良资产，但在实际操作中，由于管理层害怕担责，最终只能任由其变成"不良"资产，甚至变成"死"资产（李鹏飞，2012）。②在进货决策时，受到计划经济时代和短缺经济影响的企业，存在盲目进货的现象。在纷繁复杂的市场经济大潮中，部分企业缺乏应变能力和快速反应能力，造成产品滞销，存货积压；或者由于存货管理有漏洞，造成存货毁损；从而使资金在企业的流动停滞于此，形成了不良的存货资产和待处理资产损失等不良资产。③在销售环节，财务控制薄弱，不注意防范经营风险。此外，赊销政策在建立和执行过程中存在明显漏洞，在企业有大量应收账款的情况下仍然采取绵软无力的债务催收手段，最终导致债务根本无法收回或变成呆账（陈烨 等，2010）。众所周知，不良资产是企业资产中的黑洞，它容易造成企业资产利润虚增、潜亏严重，并影响到企业财务状况与经营成果的真实性，还有可能成为企业进行利润粉饰的手段之一，不利于投资者客观评价企业经营业绩。因此，我们必须不断降低不良资产比率，并在适当时候注入优质资产，才能不断推动公司的技术创新，不断提高公司的装备工艺水平，从而保证重庆上市公司的可持续发展。

（2）财务竞争表现

一是财务风险性比较高。重庆上市公司的财务风险主要体现在偿债风险与支付能力风险两个方面，由于公司立即变现能力较弱，债务风险承受能力较低，再加上企业经营活动产生的净现金流量较小，重庆部分上市公司经常不能按期偿还到期债务，时常陷入财务困境。支付能力风险不仅包括债务偿还方面的风险，还包括其他开支负担困难，这种风险容易使员工工作状态消极，总担心企业的可持续发展能力，这些都不利于企业维持正常的生产经营状态，还会使外部投资者对企业产生不信任心理，影响企业的融资。

二是现金流质量较差。重庆上市公司的现金流质量较差，部分上市公司的经营活动现金净流量难以满足投资活动所需的现金，从而影响财务弹性。面对一些好的投资机会，企业经常会因为现金流不足而错失良机，这在一定程度上限制了重庆上市公司的进一步扩张，现金流质量难以满足重庆上市公司长期发展战略的需要。

三是营运能力较差。重庆上市公司管理人员的资产管理能力相对较差，企业资金周转速度慢，总资产回报率偏低。此外，由于销售收入总体水平不高，而且公司大量的不良资产都不能带来经济利益，所以公司的营运能力较差，从而最终影响到其获利能力。因此，重庆上市公司应该采取有效措施尽量提高公司的销售收入或者处理多余的不良资产，以提高公司的营运能力。

8 企业财务核心竞争力的培育路径

财务核心竞争力是一个系统或组织的一项无形资产，系统或组织需要对其进行管理，包括识别、培育、应用、评价、巩固和提高等几个方面，由此形成了一个不断反馈的动态闭环系统。企业培育和提升财务核心竞争力，一是通过内部积累逐渐提升，因此时间较长；二是整合对外资源，从外部获得本企业缺乏的核心竞争力要素。结合我国企业当前的具体情况，本书认为企业培育和提升财务核心竞争力主要靠自身能力的积累。

8.1 培育和提升企业的可持续盈利能力

8.1.1 提升企业的可持续营运能力

企业营运能力主要体现在资产周转率指标中，资产周转率指标可以分解为存货周转率、应收账款周转率、固定资产周转率、现金周转率等。要提高企业营运能力，就必须加强企业资产管理，缩短营业周期，加速资产周转，提高资产运用效率，使企业的营运能力达到最大化，实现盈利的可持续性。

8.1.2 提升企业的可持续偿债能力

企业可持续偿债能力取决于企业资产的流动性和企业盈利能力，并与企业资本结构密切相关。从短期来看，企业偿债能力取决于企业资产的流动性，包括应收账款流动性、存货的流动性等；从长期来看，企业偿债能力则取决于企业价值创造能力。因此，从短期来看，企业必须保持合理的流动比率、速动比率和现金比率。但从长期来看，企业必须从长远着手，着力提升企业的可持续价值创造能力（朱开悉，2002；朱开悉，2008）。因此，提高企业可持续偿债能力的实质就是增强企业资产的盈利能力。

8.1.3 提升企业的可持续权益筹资能力

企业内部权益筹资能力与企业的利润分配政策直接相关，企业留存的利润越多，其内部权益筹资能力就越强。但企业内部利润分配又受企业预期投资收益和资本成本的直接影响，只有在企业预期投资收益大于企业资本成本的情况下，企业才更倾向于将利润更多留存在企业中形成内部权益筹资；否则，企业宁愿向资本市场或银行融资，企业内部权益筹资将接近为零（朱开悉，2002）。企业外部权益筹资能力受资本市场发展情况、企业信用评级情况、企业发展前景等多种因素的影响（黄兆金，2009）。目前来讲，企业外部权益融资主要通过上市发行股票、上市后增发新股、配股等路径来实现。对于上市公司而言，由于增发新股需要具有可持续性，因而，企业外部权益筹资能力主要在于企业是否具有可持续的配股能力（朱开悉，2008；胡辉丽，2005）。

8.1.4 提升企业的可持续发展能力

发展能力是企业在生存的基础上，扩大规模、壮大实力的潜在能力。一方面，资本积累率的高低恰恰展现了企业发展潜力的大小，资本积累也是企业扩大再生产的源泉。所以，企业要注重规模的扩张和资本的积累，但应考虑质与量的关系以及企业后续发展的能力，避免资产规模的盲目扩张。另一方面，企业发展集中表现在收入水平的提高。在成本稳定的前提下，企业发展必然伴随着盈利水平的增长，不断地增加主营业务收入是企业生存的基础和发展的条件，也反映了企业良好的市场占有率。在资金充足、市场前景较好的行业，可以适当地开展多元化经营，运用分散化原则避免风险，从而增强企业的可持续发展能力。

8.2 培育和提升企业的可持续创新能力

8.2.1 转变理财观念

在知识经济环境下，财务创新首先要进行财务观念的创新。企业应树立可持续发展的财务观念，整合财务资源，充分利用以智力或无形资产为基础的软财务资源创造可持续的盈利增长的机会，达到优化企业资源结构的目的，承担企业发展中的社会责任，注意环境保护，尤其是对自然资本的利用与保护，从而实现企业的可持续发展。此外，企业应增强风险预警观念，企业的财务管理人员必须对每一项重大的财务活动进行深入细致的调查研究，反复进行可行性论证，既要考虑收益，更要考虑风险；同时，建立风险预警机制，测评风险出现的概率，以协助企业决策层做出科学的经营决策。

8.2.2 加强技术创新

技术创新是可持续发展的"发动机"，当技术创新产生的新知识、新工艺等作为一种生产要素被投入生产时，就能够实现规模报酬递增（孔庆林，2005）。企业财务资源在支持技术创新的方向选择上应注意技术进步与资源的关系，支持效率内敛型技术进步。企业进行技术创新应重视智力资本的投入，提高智力资本的投入总量。其中，对企业员工进行在职培训等措施效果明显。

8.2.3 优化财务治理结构

过去的财务治理结构是将财务权力仅仅局限于企业高层领导者的手中，甚至连财务人员都没有权力做财务决策。而在新的经济环境下，利益相关者可以共同参与财务治理，尤其是让员工、债权人等第一级利益相关者进入财务治理结构，也就是对财务进行分层管理，这样可以极大地调动员工的工作热情和积极性，有助于鼓励员工献计献策、集思广益，同时有利于创新氛围的形成。

8.2.4 创新分配制度

根据可持续发展理论，企业不同，其资本收益率也不同，财务创新应根据不同资本对价值（或利润）的贡献进行差别分配，尽可能激励、释放企业的核心智力能力，实现企业的可持续发展（孔庆林，2005）。企业管理层设计分配制度时，必须基于企业长期的利益目标，使之具有动态性、前瞻性等特点，消除管理行为的短期化。坚持"效率优先、兼顾公平"的原则和剩余贡献共享的原则，在分配制度上引入竞争激励机制，激发管理层和员工的积极性和创造性，财务资本也应当参与剩余税后利润的分享。

8.2.5　实施人本财务

本书认为，财务的可持续创新能力中最关键的是提升财务人员的适应能力和创新能力。财务人员只有具备了广博的经济管理知识、系统的财会理论知识，以及良好的现代数学、法学和网络技术知识，在面对理财环境的动态变迁和国际经济、金融活动的发展趋势时，灵活运用所掌握的知识，才能从经济、社会、法律、技术等多角度进行分析并制定相应的理财策略。因此，财务人员的素质是构建财务核心竞争力的重要考核因素，企业应该对此予以高度的重视，为财务人员提供更多的学习实践机会。

8.3　培育和提升企业的可持续发展能力

8.3.1　增强现金获取能力

在企业的各项资产中，现金（货币资金）的流动性最高。因此，企业要想实现长期、稳定、可持续的发展，首先必须重视现金管理，确保企业现金规模可控、结构合理、资产流动性较强。具体来讲，企业可以采取以下五种方法来增强现金获取能力和提升资产流动性：

（1）尽可能减少存货积压。企业由于销售效率低等问题产生的大量存货积压，会直接导致企业资金占用过多，并影响企业多项能力，减缓企业现金回流速度。因此，企业要积极减少库存，提高存货周转率。

（2）提高产品交易率。加快企业与交易对象之间的商品交易节奏，在不影响企业利益的同时简化交易程序，缩短产品从生产到交付的时间。

（3）加强应收账款管理，减少赊销。目前，大量企业并不能在产品交付后第一时间收到货款，从而导致企业资金无法及时回收，现金流不能及时回流至企业，这不仅会影响企业的现金流管理，还会影响企业生产经营活动的运行。

（4）做好做实客户风险等级评估，适当提高交易对象的预付款金额或定金。为了避免因产品交易产生的应收账款长期且大量难以收回，企业在交易初期就要评估交易对象的风险等级，并在合理范围内要求增加预付款或定金，从而减轻企业资金回收压力。

（5）对企业日常活动产生的现金流进行精细化管理，对企业现金流向进行严格监督和控制，尽可能避免浪费，减少不必要开支。此外，若企业的资金已经难以支持其继续运转，企业管理层要积极寻求外部资金支持，解决现金流短缺问题，及时破解现金流管理窘境。

8.3.2　加强专业人才储备

人才是企业财务核心竞争力的重要组成部分，企业要想实现可持续发展，就要重视人才培养，形成独特的人才优势，并实现人力资源优势最大化。在企业发展中，人力资源是企业最具可持续发展潜力、最可靠的资源，人才是推动企业发展的重要动力。因此，企业首先要树立"人才资源是第一资源"的理念，将专业人才资源建设融入企业日常经营活动中，建立健全人才培养、选拔、任用机制；其次，目前不少企业存在管理层专业性人才短缺的问题，所以企业要将在实践中培育的经验丰富、业务能力强的人才队伍及时输送到管理层，优化管理层人才结构，细化专业性人才职能范围，让人才优势在企业发展中发挥优势；最后，企业要通过考察、考核、评估等方式建立自己的人才库，为企业关键岗位制定继任者计划，储备更多后备人才力量，为企业发展赋能。

8.3.3　健全企业财务制度

企业要建立一套既能规范财务工作，又能提高企业经济效益的财务管理制度。在建立适用的财务管理制度后，首先要确保该项制度在企业日常活动中得到有效执行，这不仅要求企业中的财务人员和相关管理人员提升财务管理水平和自身综合素质，还要求企业加大监督力度，定期或不定期地对财务管理制度落实情况进行检查。其次，要重视企业内部财务控制，完善的内部财务控制制度不仅有助于优化企业财务资源的配置，还能对企业其他资源进一步整合和再分配，从而达到降低财务风险、保障资源合理使用的目的。此外，企业在财务管理活动中要建立财务风险预警机制。面对可能存在的财务风险，财务人员要捕捉其信号，并针对风险信号向管理层作出书面报告，并在报告中阐述风险原因以及应对措施，帮助企业尽早了解财务风险、解决财务问题。

8.3.4　提升财务战略思维能力

企业财务战略的制定与实施会对企业的长期稳定发展产生重大影响，

因此，企业要制定与整体发展方向和路径相符合的财务战略，只有这样的财务战略，才能最大限度地提升企业财务核心竞争力和满足企业长期发展需要。在企业财务战略的制定上，企业要关注的不仅是内部环境和自身发展情况，还要时刻关注外部市场环境和政策环境，从单一发展战略向多元化发展战略转变，时刻将竞争意识和风险意识植入企业战略的制定和执行过程中。这要求财务人员不仅拥有过硬的财务专业素养，还要有战略性思维，能对企业发展进行全面规划和专业考量，客观评判财务发展战略与企业整体发展战略是否适配，专业分析企业所面临内外部环境的优劣势，并根据其自身实际情况制定出合适的财务发展战略，帮助企业有效规避可预见的财务风险、尽快适应变化的市场环境，增强企业对经济周期性波动所带来风险的抵御能力，从而保护企业利益，降低损失。

8.4　培育和提升企业的可持续风险管理能力

风险管理能力对于保障企业稳定发展、维护股东价值和提升长期竞争力至关重要。良好的风险管理可以帮助企业预见和防范可能导致重大财务损失的风险。具体地，一是通过识别潜在风险并采取预防措施，企业可以避免成本的不必要增加和资产的损失。同时，企业展示出有效的风险管理能力可以增强市场和投资者的信心，这不仅有助于提高企业的股价，还更容易在融资时获得投资者的青睐，因为投资者和信贷方都倾向于支持那些能够有效管理风险的企业。二是风险管理所提供的关键信息，能帮助决策者评估未来的不确定性和潜在的风险，做出更加明智的战略决策，从而可以最大限度地减少错误决策的可能性。三是通过识别和管理运营过程中的风险，企业能够优化其业务流程，这种优化不仅提高了企业日常运营的效率，还有助于降低成本。随着法律和监管环境的日益严格，企业需要确保其操作符合所有相关法律和规定，有效的风险管理能够帮助企业避免违规行为及其可能引发的法律后果和罚款。在面临经济波动、市场变化、政治不稳定等外部环境时，具备强大风险管理能力的企业更能适应这些变化，并从中恢复。这种能力是企业持续成长和成功的关键。

8.4.1　建立健全风险管理体系

建立健全风险管理体系是一个系统性工程，需要从策略、流程、文化等多个层面进行考量和实施。

第一，企业高层管理人员必须认识到风险管理的重要性，并对建立和维护风险管理体系表示明确的支持和承诺。成立专门的风险管理部门或聘请风险管理专家，确保有专门资源负责该领域的工作。

第二，要科学制定一套明确的风险管理政策，明确风险管理的目标、范围和基本原则。同时，确定风险管理的策略，包括风险识别、评估、监控和应对的方法。

第三，要建立风险监控系统，定期检查风险管理措施的效果，并监控风险状况的变化。根据风险的性质、大小和企业的风险承受能力，制定相应的风险应对策略，将风险控制在可接受的低水平范围，比如可能采取避免、减轻、转移或接受风险等措施。

第四，要定期进行风险识别活动，识别企业所有潜在的内外部风险。识别后，对企业风险进行评估，包括分析评估风险发生的可能性及其给企业可能带来的负面冲击。比如，利用工具和技术（如 SWOT 分析、风险矩阵等）来系统化地进行风险评估。

第五，要实施具体的风险控制措施，如采取保险、建立应急预案、改进操作流程等。同时，也要定期审查和更新风险管理政策和程序，确保它们与企业的当前状况和外部环境的变化保持一致。

通过这些步骤，企业不仅能够建立一个全面有效的风险管理体系，还能够通过不断的学习和适应，使风险管理成为企业文化的一部分，从而在不断变化的环境中保持竞争力和稳健发展。

8.4.2 提升财务风险应对能力

提升财务风险应对能力是确保企业长期稳定发展的关键。企业可以通过以下几个方面系统地提高其财务风险应对能力：

第一，加强财务规划与预算管理，建立严格的财务规划和预算制度，确保所有投资和开支都基于细致的分析和合理的预期。进行现金流预测和资金需求分析，确保企业具备足够的流动性以应对突发的财务需求。

第二，优化资本结构和资金管理，分析和优化资本结构，平衡自有资本和借入资本的比例，减少过度依赖外部债务的风险。管理好企业的现金流，优化应收账款和存货管理，加快资金周转。

第三，建立健全风险评估机制，定期评估企业财务风险，识别和分析可能影响企业财务健康的各种风险，如汇率风险、市场风险、信用风险等，并使用金融工具，如期权、期货、掉期等进行风险对冲。特别是对于那些暴露于大量汇率和利率风险的企业，应将企业财务风险控制在可接受的低水平（高东梅，2024）。

第四，加强内部控制和合规性，建立和加强内部控制系统，监控和管理财务报告的准确性和时效性。确保企业遵守所有相关的法律和行业规定，防止因违规操作导致的财务损失和法律责任。

第五，引入技术投入和系统支持，利用财务管理软件和信息系统提高数据处理的效率和准确性。引入高级分析工具，如 ERP 系统或财务分析软件，以支持复杂的风险评估和财务决策。

第六，建立应急预案，对于可能发生的财务危机，预先制定应对策略和应急预案。保持灵活的策略调整能力，使企业能够快速响应市场变化和财务状况的变动。

通过这些策略的实施，企业不仅可以有效地管理和降低财务风险，还可以在面对不确定和挑战时，保持足够的灵活性和应对能力。这样的财务风险管理体系将成为企业稳健发展的重要支柱。

8.4.3 提升市场风险应对能力

提升市场风险应对能力是提升企业财务核心竞争力的关键策略之一，它可以保证企业在不断变化的市场环境中维持竞争力和稳定发展。市场风险包括但不限于需求波动、价格变动、竞争加剧、技术变革等，要提高企业的市场风险应对能力，笔者认为要从以下几个方面入手：

第一，要定期进行市场研究，了解消费者行为、竞争对手动态以及市场趋势。同时，建立一个有效的市场情报系统，以收集并分析关键数据，帮助企业在市场变动时做出快速反应。

第二，要开发多样化的产品和服务，减少对单一市场或产品的依赖。通过创新满足不同顾客群体的需求，提高企业的市场适应性和灵活性。同时，实施灵活的定价策略，根据市场供需情况调整价格。

第三，要采用动态定价模型，如折扣促销、价格优惠等，以应对市场竞争压力和顾客需求变化。企业应加强与客户的关系，提高客户满意度和忠诚度。比如，通过客户关系管理（CRM）系统收集客户反馈，定期与客户沟通，以便更好地了解客户需求和预测市场变化。

第四，与其他企业建立战略联盟或合作关系，共同应对市场风险。通过合作开拓新市场、共享资源和技术，增强市场竞争力。

第五，在企业状态允许时，也可以进入新的市场或地区，分散市场风险。通过国际化或区域多元化策略，减轻单一市场可能带来的负面影响。

8.4.4　提升操作风险应对能力

企业操作风险是指，由于企业内部流程、人员、系统或外部事件的失败、缺陷或中断而可能造成的损失。这种风险来源于企业的日常运营活动，且普遍存在于所有类型的企业中，提高企业的操作风险应对能力是确保企业日常运营效率和防止潜在损失的关键。操作风险通常涉及人员管理、过程控制、系统故障、外部事件等方面，要提高企业的操作风险应对能力，笔者认为可以从以下几个方面入手：

首先，要设计并实施一套全面的内部控制系统，确保所有操作流程都有明确的规范和标准。定期评估内部控制系统的有效性，并根据企业运营实际和外部环境的变化进行调整。

其次，要对企业的关键操作流程进行标准化，确保所有活动都可以在控制的环境下执行，减少人为错误。制定详细的操作手册和培训材料，确保员工理解并遵守操作标准。定期进行操作风险的识别和评估，确定哪些业务活动或流程可能导致重大风险。

再次，要应用风险评估工具，如故障模式与影响分析（FMEA）等，来预测并量化潜在风险。具体地，一是要充分利用技术和自动化工具来提高操作效率和准确性，减少依赖人工操作的环节；二是定期更新和维护 IT 系统和设备，防止技术故障导致的操作中断；三是针对关键业务流程和系统建立应急预案，确保在发生中断时可以快速恢复操作；四是要实施业务连续性计划，减少不可预见事件对企业运营的影响。

最后，要建立定期的风险监控机制，通过关键绩效指标（KPIs）和关键风险指标（KRIs）跟踪操作表现和风险水平。根据监控结果和风险评估的反馈，持续改进操作流程和风险控制措施。

8.5 提升企业的基本财务能力

8.5.1 建立健全财务管理体系

目前，由于社会经济和市场的快速发展，企业间的竞争愈发激烈。因此，构建一个稳固高效的财务管理体系显得尤为重要。首先，为确保企业资金和资源得到合理且高效的利用，制定一套科学且严谨的财务管理方法与规则至关重要。在此过程中，企业各部门在执行任何经济活动时，均须事先经过相关部门的审核与批准，从而确保公司的经济利益得到最大化。其次，为了提升决策的透明度和准确性，企业应实行财务信息公开制度，使各部门能够依据实时、准确的财务数据做出明智的决策。再次，构建稳健的财务管理体系，关键在于激发员工的内在动力，使他们能够主动参与并致力于财务控制工作。最后，企业需鼓励员工以更加饱满的热情投入工作中，为企业创造更为可观的经济效益，从而推动企业的持续稳健发展。

8.5.2 加强财务内部控制建设

在企业管理的大背景下，企业会计的标准化、内部控制的基本标准以及财务制度的建立，均被视为提升企业财务核心竞争力的关键措施。为了持续优化财务管理体系，企业必须特别关注资产管理和金融管理的完善，确保所有财务活动均严格遵循预算管理和财务计算等相关规定。此外，完善企业内部控制制度同样至关重要。在制定相关控制管理方案时，企业在实际操作过程中，必须全面考虑其内部实际情况，确保涉及不兼容职务的有效分离、严谨且规范的授权与批准流程、高效且精准的管理会计系统运用、严格的公司资产保护措施、有效执行的预算管理机制、深入分析公司运作状况，以及公正公平的员工业绩考核评价体系等多个关键领域的全面覆盖与精准实施。采取上述措施可以保障企业财务管理工作的顺畅进行，为企业的稳健发展奠定坚实基础。

8.5.3 培育财务管理人才团队

为了推进企业财务管理工作，提升企业的整体管理水平和财务核心竞争力，企业必须重视并加强对内部财务管理人员的专业能力培训。不断提升财务团队的综合素质，可以确保企业在激烈的市场竞争中保持稳健的财务态势，为企业持续健康发展提供坚实保障。根据当代企业管理实践与财务管理模式的发展趋势，企业需要实施一套全面的培养策略，以提升相关人员的整体素质。同时，完善监督管理机制亦至关重要，企业应明确并落实监督责任，以确保工作质量的稳步提升。通过这些举措，企业能够更好地适应市场变化，实现持续稳健的发展。

9 研究结论与研究局限

9.1 研究结论

企业之间的竞争实质上是财务管理的竞争,即竞争财务。财务核心竞争力是在竞争理论的指导下,从动态发展的视角对企业的财务管理问题进行研究。它是现代财务管理研究的一个新课题,也是对企业财务管理实践经验的总结。较强的财务核心竞争力是提升我国企业竞争实力的基石,是实现战略财务管理目标的根本保证,也是提高财务管理绩效的现实要求。因此,构建企业财务核心竞争力评价指标体系,是指导企业竞争与发展的"锐利武器",具有非常重要的现实意义。

本书得出的主要研究结论如下:

(1)财务核心竞争力是在企业财务管理活动中由企业的财务竞争资源(条件)、财务竞争表现以及财务竞争机制相互支撑、相互耦合,依赖于财务组织的学习与创新,所形成的相对其他企业所具有的可持续竞争优势的整合性能力。它是企业核心能力的集中体现,是企业最为重要的核心能力,也是一个系统或组织的一种宝贵、稀缺的无形资产。其动力是学习与创新,目的是实现企业的可持续发展。

(2)企业财务核心竞争力具有五个方面的典型特征:价值创造性、异质性、协同性、综合性、动态性。未来企业的财务竞争,将是以企业财务核心竞争力为主导的新型财务竞争。

(3)企业财务核心竞争力的本源就是企业在财务战略的指导下,将其独特的财务资源、能力或其组合作为基石,以学习、实践、创新与控制环节为支撑的体系。我们以此构建了企业财务核心竞争力的本源模型图。

（4）显性要素所反映的是当前竞争的基础或者竞争的最终表现，主要体现在以下两个方面：一是财务工作的条件或者资源，包括优质资产、先进的信息处理技术、高素质的人才等，这些优质的财务资源要素构成了企业持续竞争优势的基础，是形成财务核心竞争力的载体；二是财务管理工作最终体现出来的财务状况，包括企业的偿债能力、营运能力、盈利能力等，这些能力要素是各种资源要素在投入产出活动中综合作用并被广大的投资者认可的产物，它们既有对资源的依赖性，又有自己的独特性和对资源的反作用力。

（5）企业财务核心竞争力是在隐性构成要素的作用下，充分实现显性构成要素的最大化的整合性能力。其具体的构成要素包括：财务竞争基础、财务竞争机制、财务竞争表现，三者之间存在相辅相成、密不可分的联系。其中，财务竞争机制起到中间枢纽的作用，将显性构成要素从基础性的竞争优势转换为现实表现的各种能力状态，为利益相关者提供决策依据。

（6）企业财务核心竞争力评价指标体系是以企业培育财务核心竞争力过程中所需要的要素资源为基础建立起来的，各项指标反映的都是企业财务实践所需的基本能力和这些能力的外在表现。企业财务核心竞争力的评价模型分为财务竞争基础评价子模块、财务竞争机制评价子模块和财务竞争表现评价子模块。

9.2　研究局限

本书的不足之处在于：首先，测评学习创新机制时采用全要素生产率进行衡量，尽管财务管理具有价值管理与综合管理的本质特征，从投入与产出的角度出发可以体现一定的合理性，但其中隐含企业其他部门的核心竞争力；其次，由于利益相关者治理指数与决策控制机制的评价涉及企业内部的权威机密资料，尚未能获取相关评价数据，因而评价指标权重与应用案例是不考虑协调治理机制与决策控制机制的财务核心竞争力的综合评价结果；最后，考虑到一些定性因素在评价企业财务核心竞争力中的复杂性、偶然性、不易获取性，所以在构建评价指标体系时未能将这些定性因素纳入其中，这或多或少地影响了评价指标体系的科学性和评价结果的精确性。

今后，我们还将继续对如下问题进行拓展性研究与探讨：

（1）进一步深化对企业财务核心竞争力构成要素的研究。随着理财环境的发展以及科学技术的日新月异，企业财务核心竞争力的重心也在逐渐转移，财务核心竞争力的表现形式也多种多样。因此，有必要对构成要素进行深入的分析，因为它是科学研究企业财务核心竞争力的基石，具有承上启下的作用。

（2）进一步健全企业财务核心竞争力评价指标体系，使之更为科学、合理、全面，更富有可行性，并将企业财务核心竞争力的评价指标体系从某家企业的纵向时间的比较扩展到全行业乃至全国企业的横向空间比较，扩大适用的范围。

（3）加大对培育与提升企业财务核心竞争力的对策与建议的研究力度。因为该部分不是本书的研究重点，所以对此方面的研究较为薄弱。

（4）财务管理在企业管理中处于中心地位，有必要对财务核心竞争力与企业核心竞争力的关系进行实证分析，得出两者之间存在的现实联系；另外，还需加强对财务核心竞争力与财务战略的相关性实证研究，丰富战略财务管理的外延。

参考文献

［1］艾云. 奋斗不忘来时路重整行装再出发：渝开发成立 45 周年暨上市 30 周年发展纪实［J］. 城市开发，2023（9）：16-19.

［2］艾志群. 企业财务管理目标：EVA 最大化［J］. 上海会计，2002（4）：25-27.

［3］白津夫. 关于企业核心竞争力的若干理论问题探讨［J］. 哈尔滨市委党校学报，2002（2）：12-16.

［4］白津夫. 核心竞争力：理论与战略问题［J］. 学习与探索，2003（5）：85-89.

［5］白津夫. 聚焦企业核心竞争力［N］. 经济参考报，2001，11，28.

［6］白彤. 试论企业的核心竞争力［J］. 环渤海经济瞭望，2012（4）：15-17.

［7］贝赞可，德雷诺夫，尚利. 公司战略经济学［M］. 北京：北京大学出版社，1999：415-419.

［8］波特. 竞争优势［M］. 陈小悦，译. 北京：华夏出版社，1997：10-28.

［9］蔡玉兰. 建筑施工企业绩效审计的一点思考［J］. 现代经济信息，2010（12）：99-100.

［10］常碧罗. 以高水平开放推动高质量发展［N］. 人民日报，2022-10-31（5）.

［11］陈高健. 兴业银行财务竞争力评价研究［D］. 烟台：山东工商学院，2017.

［12］陈洪转. 基于价值链的商业银行核心竞争力影响要素研究［J］. 金融教学与研究，2007（1）：16-18.

［13］陈佳贵. 培育和发展具有核心竞争力的大公司和大企业集团［J］. 中国工业经济, 2002（2）: 5-10.

［14］陈钧. 重庆内陆开放高地建设再提速［N］. 重庆日报, 2016-02-29（2）.

［15］陈蕾. 企业财务竞争力的评价研究［D］. 成都: 西南交通大学, 2010.

［16］陈清泰. 企业应该做什么, 能够做什么［N］. 人民日报, 1999-04-12（12）.

［17］陈献勇. 会展企业提升核心竞争力对策研究［J］. 商业研究, 2010（5）: 124-129.

［18］陈兴述, 冯琳. 财务文化建设的目标模式及实现途径［J］. 财会月刊, 2007（2）: 85-86.

［19］陈兴述, 冯琳. 论财务管理学三大体系的构建［J］. 软科学, 2007（2）: 88-91.

［20］陈兴述, 祝小勤. 企业财务可持续增长能力的模糊评价［J］. 当代财经, 2007（8）: 113-115.

［21］陈兴述. 财务管理理论结构研究［M］. 重庆: 重庆出版社, 2001: 250-270.

［22］陈兴述. 现代企业财务专论［M］. 贵阳: 贵州人民出版社, 2003: 77-79.

［23］成长春. 高校核心竞争力分析模型研究［D］. 南京: 河海大学, 2005.

［24］程燕. 财务竞争力探讨［J］. 四川教育学院学报, 2008（11）: 78-79.

［25］程燕. 小议财务竞争力与企业竞争力的关系［J］. 中国管理信息化, 2007（11）: 78-79.

［26］程燕. 新疆上市公司财务竞争力存在的问题及对策研究［J］. 会计之友, 2009: 76-77.

［27］程振峰. 我国企业核心竞争力财务评价体系研究［J］. 中国管理信息化, 2008（23）: 43-45.

［28］杜云月, 蔡香梅. 企业核心竞争力研究综述［J］. 经济纵横, 2002（3）: 59-63.

［29］段海瑞. 渝开发：重组后的反思［J］. 城市开发，2003（5）：10-12.

［30］段兰. 基于财务指标的服务业上市公司竞争力研究［D］. 长沙：长沙理工大学，2012.

［31］范群鹏，周丽丽. 民营企业财务核心竞争能力的分析与评价［J］. 经济研究导刊，2018（30）：109-110.

［32］方琳琳，陈兴述. 上市公司财务核心竞争力实证分析：基于重庆市上市公司的数据［J］. 中国管理信息化，2008（12）：64-66.

［33］方琳琳. 企业社会责任与财务可持续增长的相关性分析［D］. 重庆：重庆工商大学，2010.

［34］房厚安. 论企业财务管理目标的新选择［J］. 中国外资，2013（9）：171-171，173.

［35］冯巧根. 核心竞争力财务：新的财务学视角［J］. 上海会计，2003（3）：26-27.

［36］冯巧根. 核心竞争力财务管理的几个层次［J］. 审计与理财，2003（4）：48.

［37］冯巧根. 基于核心竞争力的财务管理：一种理财新思路［J］. 数量经济技术经济研究，2003（5）：111-114.

［38］冯巧根. 简评竞争财务的发展规律［J］. 财会月刊，2001（24）：30-31.

［39］冯巧根. 竞争财务论［D］. 成都：西南财经大学，2000：26-29.

［40］傅晓华. 科技企业核心能力的可持续发展战略研究［J］. 中南林学院学报，2004（3）：10-14.

［41］甘金磊. 可达性对物流企业空间分布的影响研究［D］. 重庆：西南大学，2024.

［42］高闯，邵剑兵. 我国知识型企业的核心能力问题研究及对策［J］. 辽宁大学学报（哲学社会科学版），2000（2）：66-69，112.

［43］高东梅. 企业财务管理问题及多样化应对策略探讨［J］. 中国集体经济，2024（7）：149-152.

［44］高海珊. 煤炭上市公司财务竞争力研究［D］. 太原：山西财经大学，2013.

［45］郭复初. 财务通论［M］. 上海：立信会计出版社，1997.

［46］郭复初. 公司高级财务［M］. 北京：清华大学出版社，2006：202-203.

［47］郭红彩. 浅谈公司制企业财务治理存在的问题及对策［J］. 会计之友（中旬刊），2008（12）：107.

［48］郭晓明. 财务核心竞争力最大化：企业财务管理目标新论［J］. 内蒙古科技与经济，2004（19）：26-27.

［49］郭晓明. 上市公司财务核心能力理论与综合评价研究［D］. 沈阳：东北大学，2005：23-27.

［50］国务院办公厅. 国务院关于同意重庆高新技术产业开发区建设国家自主创新示范区的批复［J］. 中华人民共和国国务院公报，2016（22）：17.

［51］韩保江. 中国发展模式运行的制度机理：改革开放30年中国经济高速发展的制度奥秘［J］. 经济研究参考，2009（28）：6-15.

［52］韩毅. 重庆如何营造"旅游新场景"［N］. 重庆日报，2019-06-23.

［53］郝成林，项志芬. 财务竞争力及其构成要素解析［J］. 财会月刊，2006（3）：61-62.

［54］贺正楚，黄颖琪，潘红玉，等. 高端装备制造企业财务竞争力的评价及测度［J］. 财经理论与实践，2016（4）：124-129.

［55］胡辉丽. 价值创造的财务规则和路径研究［D］. 青岛：中国海洋大学，2005.

［56］胡建波，王东平. 企业核心竞争力的关键构成要素及分析［J］. 华东经济管理，2006（7）：103-106.

［57］胡奕明，林文雄，李思琦，等. 大贷款人角色：我国银行具有监督作用吗？［J］. 经济研究，2008（10）：52-64.

［58］胡志勇. 注重"三个结合"助推企业文化［J］. 淮海工学院学报（人文社会科学版），2013，11（4）：33-34.

［59］黄斌，毛梅娜."一带一路"背景下地方理工院校商务英语人才国际化培养路径探析：以重庆理工大学为例［J］. 赤峰学院学报（汉文哲学社会科学版），2018，39（3）：145-148.

［60］黄继刚. 核心竞争力的动态管理［M］. 北京：经济管理出版社，2004：25-46.

[61] 黄津孚. 资源、能力与核心竞争力 [J]. 经济管理, 2001 (20): 4-9.

[62] 黄奇帆. 渝开发: 真正的考验在今后 [J]. 城市开发, 2003 (5): 3-14.

[63] 黄婷, 栗川. 重庆发展现代物流业的优势 [J]. 中国外资, 2012 (12): 217-217.

[64] 黄兆金. 企业财务核心能力探讨 [D]. 南昌: 江西财经大学, 2011.

[65] 姜超峰. 当前的物流要事 "西部陆海新通道" 专题解读 [J]. 中国储运, 2023 (11): 18-19.

[66] 蒋炀, 许幼飞, 唐浚中, 等. 成渝 "双城记" [J]. 一带一路报道 (中英文), 2020 (3): 34-35.

[67] 蒋永华, 于书凤. Z-Score 模型在财务预警中的应用 [J]. 黑龙江对外经贸, 2008 (9): 142-143.

[68] 蒋有凌. 3PL 企业核心竞争力评价与培育研究 [D]. 天津: 天津大学, 2009.

[69] 金笛. 铁路运输企业资产边界和财务业绩关系研究 [D]. 北京: 北京交通大学, 2008.

[70] 金振宇, 刘跃. 基于财务核心竞争力的财务管理目标体系 [J]. 财会通讯, 2008 (7): 55-56.

[71] 靳能泉. 基于以人为本的财务管理职能分层背景 [J]. 中国集体经济, 2009 (7): 141-142.

[72] 荆新, 王化成, 刘俊彦. 财务管理学 [M]. 北京: 中国人民大学出版社, 1998.

[73] 坎贝尔, 萨默. 核心能力战略: 以核心竞争力为基础的战略 [M]. 严勇, 祝方, 译. 大连: 东北财经大学出版社, 1999, 112-114.

[74] 孔庆林. 科学发展观下财务管理目标浅探 [J]. 财会月刊, 2005 (1): 7-8.

[75] 李端生, 李占国. 现代企业财务管理目标的重建 [J]. 财政研究, 1998 (5): 53-54, 63.

[76] 李明荣. 企业财务核心竞争力的构建 [D]. 成都: 西南财经大学, 2007.

［77］李绍敬. 论我国企业财务预警机制的构建［J］. 上海金融学院学报，2005（5）：61-65.

［78］李宪友. 企业核心竞争力构成要素分析［J］. 企业研究，2006（3）：29-30.

［79］李悠诚，等. 企业如何保护核心能力的载体：无形资产［J］. 国际商务，2000（4）：49-52.

［80］李志刚，伍竞艳，桑丽萍. 企业核心竞争力构成要素分析［J］. 企业活力，2003（4）：24-25.

［81］梁凤梅. 企业财务核心竞争力探讨［J］. 财经界（学术版），2015（3）：184，234.

［82］林乐文. 汽车企业上市公司财务竞争力评价研究［D］. 天津：河北工业大学，2022.

［83］林丽金. 基于物流企业竞争力层次模型的评价指标体系构建［J］. 物流科技，2011，34（10）：45-49，90.

［84］林杨. 企业财务核心竞争力研究［J］. 中外企业家，2016（7）：126，128.

［85］林志扬. 正确认识与识别企业的核心竞争力［J］. 中国经济问题，2003（2）：67-72.

［86］刘炳南. 关于企业竞争力与核心竞争力内涵和关系的探讨［J］. 经济管理，2003（19）：34-36.

［87］刘祥亮. 上市公司财务竞争力指标体系构建与评价［D］. 兰州：兰州理工大学，2012.

［88］刘宇平. 基于提升企业核心竞争力的财务能力评价研究［D］. 沈阳：沈阳工业大学，2013.

［89］刘兆君. 我国金融企业核心竞争力的培育与提高［J］. 青海社会科学，2003（4）：21-24.

［90］刘真敏，魏顺泽. 企业财务核心竞争力的研究［J］. 会计之友，2009（12）：70-72.

［91］卢有秀. 企业财务核心竞争能力研究［J］. 中小企业管理与科技，2016（1）：43.

［92］鲁桐，党印. 公司治理与技术创新：分行业比较［J］. 经济研究，2014（6）：115-128.

［93］鲁晓东，连玉君．中国工业企业全要素生产率估计：1999—2007 ［J］．经济学（季刊），2012，11（2）：541-558.

［94］陆正飞．企业目标与财务目标 ［J］．城市金融论坛，1996（5）：50-55.

［95］罗东鑫．关于企业财务管理目标辨析 ［J］．中国农业会计，2022（1）：19-20.

［96］罗宏，陈燕．核心能力、财务核心能力与企业价值创造 ［J］．商业研究，2005（2）：1-3.

［97］罗宏．财务能力与企业核心能力的相关性 ［J］．当代财经，2003（12）：109-111.

［98］罗正清．基于知识观的企业技术创新能力发展研究 ［D］．天津：天津大学，2010.

［99］孟晓杰，熊向艳，韩永伟．厚植城市生态优势探寻新型城市可持续发展道路 ［J］．先锋，2020（10）：20-22.

［100］孟义．基于 Z 模型的财务危机预警研究 ［J］．中小企业管理与科技（下旬刊），2013（8）：87-88.

［101］孟银萍．集团公司财务风险预警研究 ［D］．北京：华北电力大学（北京），2010.

［102］莫小泉．基于低碳经济理论的物流企业核心竞争力构建 ［J］．商业经济研究，2018（9）：118-120.

［103］齐刚．文化力启动经济力：访著名学者贾春峰教授 ［J］．文明与宣传，2002（8）：8-12.

［104］秦月．环保行业上市公司财务竞争力评价研究 ［D］．西安：西安理工大学，2018.

［105］任晓红，冯知涵，沈佳，等．公路基础设施对经济与环境协调发展的影响：来自成渝地区双城经济圈的证据 ［J］．国土资源科技管理，2024，41（1）：100-114.

［106］邵仲岩，董凤．云计算上市公司财务竞争力实证研究 ［J］．会计之友，2015（23）：91-95.

［107］申亚欣，兰红光．习近平调研重庆 ［N］．新西部，2016-01-25.

［108］盛立强，程国江．核心竞争力的构成要素分析 ［J］．经济师，2004（4）：169-170.

［109］石炳华. 论战略管理会计与企业核心竞争力［J］. 经济与管理, 2007（6）：80-84.

［110］宋帆. 浅析佛教影响下的泰国企业文化特点［J］. 金融教育研究, 2015, 28（2）：71-74.

［111］宋永娟. 物业服务企业核心竞争力的构成要素分析［J］. 现代经济信息, 2015（5）：45.

［112］苏武俊, 邓锡绵. 中西方企业财务目标比较研究［J］. 国外财经, 2001（2）：42-44.

［113］汤湘希. 企业核心竞争力的识别与会计确认研究［J］. 财会通讯, 2005（11）：3-9.

［114］汤湘希. 企业核心竞争力会计控制研究［M］. 北京：中国财政经济出版社, 2006：76-134.

［115］唐星球. 物流企业培育核心竞争力关键要素分析［J］. 中国远洋航务公告, 2005（12）：62-63.

［116］田利辉. 国有产权、预算软约束和中国上市公司杠杆治理［J］. 管理世界, 2005（7）：123-128.

［117］佟如意. 企业财务核心竞争能力研究［D］. 成都：西南财经大学, 2007：21-22.

［118］童元珂, 魏云捷. 创业板上市公司财务绩效、经营多元化与股票流动性的相关性研究［J］. 管理评论, 2021, 33（4）：283-294.

［119］汪孝德, 杨丹. 财务管理目标：资金运动合理化［J］. 天府新论, 1995（3）：21-26.

［120］王秉安. 中小企业竞争力战略研究［J］. 福建行政学院福建经济管理干部学院学报, 2001（4）：34-37, 77-78.

［121］王大山. 基于公司治理的财务核心能力研究［D］. 长沙：长沙理工大学, 2009.

［122］王磊. 农产品电商企业核心竞争力的构成要素分析［J］. 现代农业, 2017（10）：82-86.

［123］王莉. 试析核心竞争力与品牌竞争力［J］. 全国商情（经济理论研究）, 2006（3）：3-5.

［124］王陆与, 苗向军, 李斌, 等. 基于组织惯例演化视角的中国男子篮球职业联赛运作机制研究［J］. 山东体育学院学报, 2022, 38（5）：

92-99.

[125] 王萌. 上市公司财务竞争力综合分析与评价研究 [D]. 北京: 北京邮电大学, 2012.

[126] 王庆成. 财务管理目标的思索 [J]. 会计研究, 1999 (10): 32-36.

[127] 王小朋, 朱开悉. 企业财务核心能力: 指标体系与计量初探 [J]. 南华大学学报 (社会科学版), 2004 (3): 8-21.

[128] 王小朋. 企业财务核心能力的会计属性与定量评价研究 [D]. 衡阳: 南华大学, 2005: 16-18.

[129] 王秀丽. 企业核心竞争力的分析与评价体系研究 [D]. 北京: 对外经济贸易大学, 2007.

[130] 王雪继. 工业转型发展专项资金绩效审计评价指标体系构建及应用研究 [D]. 重庆: 重庆工商大学, 2021.

[131] 王艳辉, 郭晓明. 企业财务竞争力与财务核心竞争能力 [J]. 山西财经大学学报, 2005, 27 (4): 131-133.

[132] 王增慧. 企业财务核心竞争能力提升策略探讨: 基于比较优势视角 [J]. 财务通讯, 2014 (10): 64-65.

[133] 文超平. 完善法人治理结构全面推进依法治企 [J]. 现代国企研究, 2017 (17): 41-45.

[134] 吴寒芬, 张一敏. 武钢矿业主营业务核心竞争力评价 [J]. 中国矿业, 2006 (8): 38-42.

[135] 吴军海. 城市商业银行竞争力财务评价: 以 11 家城市商业银行为例 [J]. 中央财经大学学报, 2010 (12): 24-28.

[136] 吴礼民. 企业核心竞争力的内涵及形成机制 [J]. 武汉工业学院学报, 2002 (4): 85-87.

[137] 吴小红. 企业信息化中核心竞争力的提升 [N]. 中国气象报, 2005 (10).

[138] 吴延兵, 米增渝. 创新、模仿与企业效率: 来自制造业非国有企业的经验证据 [J]. 中国社会科学, 2011 (4): 77-94.

[139] 肖侠. 企业财务管理目标研究评价 [J]. 当代财经, 2003 (3): 100-102.

[140] 谢越群. 运用信息化手段提高制造企业核心竞争力研究 [D].

湘潭：湘潭大学，2011.

［141］辛广茜，吴美香. 物流企业核心竞争力构成要素分析［J］. 商场现代化，2006（6）：138-139.

［142］新华社. 习近平在重庆考察并主持召开解决"两不愁三保障"突出问题座谈会［EB/OL］.（2019-04-17）［2023-12-31］. https://www.gov.cn/xinwen/2019-04/17/content_5383915.htm.

［143］熊梅，刘珈利. 企业财务管理目标文献综述［J］. 知识经济，2008（8）：66-67.

［144］徐建中，朱美荣. 制造业企业核心竞争力二元结构维度构建［J］. 商业经济与管理，2011（5）：37-42.

［145］薛丽娟. 加强债权人财务风险控制能力［J］. 经济论坛，2011（8）：216-218.

［146］杨成炎. 企业财务目标的比较与选择［J］. 交通财会，1999（3）：33-35.

［147］杨传勇，周普. 财务管理目标的重新审视［J］. 中国管理信息化，2007（3）：69-71.

［148］杨蕊. 析企业财务核心竞争能力［J］. 经济问题探索，2007（2）：146-150.

［149］杨显奇. 高新技术企业核心竞争力构成要素分析［J］. 情报探索，2011（11）：31-32，82.

［150］杨晓东，贾云萍. 企业财务管理目标的比较与选择［J］. 西部财会，2005（12）：15-17，14.

［151］尹志锋，叶静怡，黄阳华，等. 知识产权保护与企业创新：传导机制及其检验［J］. 世界经济，2013（12）：111-129.

［152］于洋. 构建人力资源服务企业核心竞争力的关键要素分析［J］. 海峡科技与产业，2019（8）：32-34.

［153］俞国方. 企业竞争力与核心竞争力价值辨析［J］. 价值工程，2001（1）：43-45.

［154］张发洪. 企业提升财务核心竞争力的途径［J］. 经营与管理，2017（6）：58-60.

［155］张骥. 企业信息竞争力的评价与塑造［D］. 长春：吉林大学，2008.

[156] 张杰，周晓艳，李勇. 要素市场扭曲抑制了中国企业 R&D? [J]. 经济研究，2011（8）：78-91.

[157] 张金霞. 企业财务目标的比较与选择 [J]. 河北工业大学成人教育学院学报，2002（1）：23-25.

[158] 张娟. 基于灰色系统理论的企业财务竞争力的评价 [D]. 南昌：江西财经大学，2011.

[159] 瞿琨，卢加强，李后强. 成渝地区双城经济圈一体化"化学键"形成探析：基于轴心论的视角 [J]. 中国西部，2020（1）：1-10.

[160] 张兰花. 浅谈不同企业投资目标之间的关系 [J]. 中国总会计师，2007（9）：70-71.

[161] 张茂生. 论企业核心竞争力与财务能力的协调 [D]. 成都：西南财经大学，2004.

[162] 张倩，陈兴述. 企业财务核心竞争力构成要素及其关系辨析 [J]. 财会通讯，2008（7）：43-44.

[163] 张倩，陈兴述. 系族企业财务预警系统模式的探讨 [J]. 中国乡镇企业会计，2007（10）：2-3.

[164] 张倩，冯树清. 高职院校教育经费投入绩效评价指标体系研究 [J]. 教育财会研究，2015，26（2）：21-24.

[165] 张倩. 中小企业板上市公司成长性综合评价研究 [D]. 重庆：重庆工商大学，2010.

[166] 张青. 基于"发展"导向的企业绩效评价研究 [J]. 中国管理科学，2001（2）：59-65.

[167] 曾睿. 沿着长江，向未来奔去！：写在重庆市《关于加快长江上游航运中心建设的实施意见》出台之时 [J]. 重庆与世界，2016（5）：22-25.

[168] 张涛. 论财务管理目标的选择 [J]. 山东财政学院学报，1999（6）：80-83.

[169] 张维迎. 增强企业核心竞争力的五项要点 [J]. 城市开发，2002（10）：49-51.

[170] 张文鑫. 青海省上市公司财务竞争力评价及提升策略研究 [J]. 青海金融，2020（11）：13-17.

[171] 张新民，王秀丽. 以透视核心竞争力为目标的财务分析体系的建立 [J]. 管理世界，2006（11）：166-167.

［172］张亦春，李晚春，彭江. 债权治理对企业投资效率的作用研究：来自中国上市公司的经验证据［J］. 金融研究，2015（7）：190-203.

［173］张友棠，冯自钦. 三维财务竞争力形成机理研究［J］. 财会通讯（综合版），2008（8）：23-25.

［174］张玉发. 甘肃省电子信息产业核心竞争力培育研究［D］. 兰州：兰州大学，2007.

［175］张玉净. 企业财务核心竞争力研究［J］. 中外企业家，2017（19）：133，137.

［176］章锋云. 企业核心能力理论分析与管理评价研究［D］. 重庆：重庆大学，2002.

［177］赵海燕，纪素环，王莹莹. 施工企业核心竞争力的构成要素分析［J］. 建筑管理现代化，2008（2）：14-17.

［178］周普，陈兴述. 财务核心竞争力评价指标权重设计［J］. 财会通讯，2007（3）：42-43.

［179］周普，陈兴述. 企业财务核心竞争力评价指标探讨［J］. 财会通讯，2006（9）：23-24.

［180］周普，祝小勤. 我国上市公司财务竞争力评价体系及其应用研究［J］. 中国农业会计，2017（3）：55-59.

［181］周晓凤. 试论财务管理的能力［J］. 工会论坛（山东省工会管理干部学院学报），2004（5）：63.

［182］周颖，尹昌斌，张继承. 循环农业产业链的运行规律及动力机制研究［J］. 生态经济，2012（2）：36-40，51.

［183］朱国庆. 论企业核心竞争力的培育及研究［J］. 经济师，2006（4）：161-162.

［184］朱皓珏. 我国上市公司财务竞争力研究［D］. 南京：南京财经大学，2012.

［185］朱开悉. 论企业财务核心能力及其增强途径［J］. 湖南财经高等专科学校学报，2002（1）：72-73.

［186］朱开悉. 企业财务核心能力及其报告［J］. 会计研究，2002（2）：41-44.

［187］朱开悉. 上市公司可持续增长模型分析［J］. 技术经济与管理研究，2001（3）：60-61.

［188］宗生. 青岛市上市公司企业核心竞争力比较研究 ［D］. 天津：天津大学, 2006.

［189］BARNEY J B. Firm resources and sustained competitive advantage ［J］. Advances in strategic management, 1991, 17 （1）: 3−10.

［190］GRANT R M. Toward a knowledge-based theory of the firm strategic ［J］. Management journal, 1996, 17: 109−122.

［191］KOGUT B, ZANDER U. Knowledge of the firm, combinative capabilities, and the replication of technology ［J］. Organization science, 1992, 3 （3）: 383−397.

［192］NONAKA I, TAKEUCHI H. The knowledge-creating company: how Japanese companies create the dynamics of innovation ［M］. New York: Oxford University Press, 1995.

［193］PRAHALAD C K, HAMEL G. The core competence of the corporation ［J］. Harvard business review, 1990 （5）: 79−89

［194］SPENDER J C. Making knowledge the basis of a dynamic theory of the firm ［J］. Strategic management journal, 1996, 17: 45−62.

附录　关于企业财务核心竞争力评价指标体系权重设置的调查问卷

编　号：　　　　　　　　　　　　　　　　日　期：

尊敬的专家：

您好！首先，感谢您参与此次问卷调查！您的参与将为我们的研究工作打好坚实的基础。此问卷旨在确定企业财务核心竞争力评价体系中各项评价指标的权重设计，增强企业财务核心竞争力评价结果的客观性。本问卷仅供学术研究之用，对涉及的相关信息将会严格保密。十分感谢您的帮助与支持！

本次问卷调查基于 AHP（层次分析法）构建两两比较判断矩阵的要求，通过纵向指标与横向指标的一系列比较，在 9 标度表打分的规定下，做出科学的判断。

附表 1　9 标度表

标度 A_{gh}	定义
1	表示 g 指标与 h 指标相比，两个指标重要性相同
3	表示 g 指标与 h 指标相比，g 指标稍显重要
5	表示 g 指标与 h 指标相比，g 指标明显重要
7	表示 g 指标与 h 指标相比，g 指标非常重要
9	表示 g 指标与 h 指标相比，g 指标极端重要
2、4、6、8	表示介于上述相邻判断之间
倒数	当 g 与 h 两个指标的重要程度比较参数为 A_{gh} 时，则 h 与 g 两个指标的重要程度比较参数为 $A_{hg} = 1/A_{gh}$

调查内容如下：

附表 2　一级指标两两比较判断矩阵

分层目标	A	B	C	对总目标的影响权重向量
A. 财务竞争基础				
B. 财务竞争机制				
C. 财务竞争表现				

附表 3　子目标对财务竞争基础的影响权重计算

子目标	A1	A2	A3	对财务竞争基础的影响权重向量
A1. 设备成新率				
A2. 智力资本比率				
A3. 信息处理水平				

附表 4　子目标对财务竞争机制的影响权重计算

子目标	B1	B2	B3	对财务竞争机制的影响权重向量
B1. 全要素生产率				
B2. Z 分数值				
B3. 审计意见类型				

附表 5　子目标对财务竞争表现的影响权重计算

子目标	C1	C2	C3	C4	C5	对财务竞争表现的影响权重向量
C1. 现金净流量比率						
C2.现金满足投资比率						
C3. 总资产周转率						
C4. 净资产收益率						
C5. 营业收入增长率						